Oesterreich's Betheiligung am Welthandel

Betrachtungen und Vorschläge

Pasquale Revoltella

Alpha Editions

This edition published in 2022

ISBN : 9789356789227

Design and Setting By
Alpha Editions
www.alphaedis.com
Email - info@alphaedis.com

Oesterreich's
Betheiligung am Welthandel.
Betrachtungen und Vorschläge
von
P. Revoltella.

TRIEST.
Buchdruckerei des Oesterreichischen Lloyd.
1863.

Ein frischer Geist durchdringt das neu verjüngte Oesterreich. Ein reges Culturleben entfaltet sich in den weiten Ländern des Kaiserstaates; trotz äusserer Gefahren und innerer Schwierigkeiten schreitet der Aufbau einer segenbringenden Verfassung vorwärts, die Idee der Reichseinheit gewinnt von Tag zu Tag mehr Boden, und in dem Maasse als sich das innere Gefüge festiget, erstarkt die äussere Geltung und Machtstellung der Monarchie.

Die Wendung zum Bessern ist unverkennbar, wie hoch auch noch die Wogen gehen mögen, der sichere Port ist nahe; unter der Aegide eines auf dem Höhepunct der Zeit stehenden Monarchen geht das Gesammtvaterland einer neuen Aera des Ruhmes und der Grösse, der Wohlfahrt und des Völkerglückes entgegen.

Indem der patriotische Staatsbürger in gehobener Stimmung die Anstrengungen verfolgt, mit welchen die Regierung und die Reichsvertretung diesem hohen Ziele zusteuern, fühlt sich der Einzelne als Theil des grossen Ganzen, erfreut sich jeder neuen Errungenschaft der guten Sache, ermisst die noch zurückzulegende Bahn, und wird ermuthiget, freimüthig mit Ideen und Vorschlägen hervorzutreten, von deren Ausführung er sich die Förderung des Gemeinwohls verspricht.

In dieser Gesinnung erlauben wir uns die Aufmerksamkeit auf einen Gegenstand zu lenken, welcher, obwohl inmitten der grossen politischen Bewegung für den Augenblick in den Hintergrund gedrängt, die ernsteste Beachtung verdient, indem wir in den folgenden Blättern die dringende Nothwendigkeit klar zu machen suchen, dass Oesterreich sofort Alles aufbiete, seinen handelspolitischen Horizont zu erweitern und sich activ an dem transoceanischen Welthandel zu betheiligen.

Mit dieser Erörterung betreten wir ein bisher noch wenig gekanntes, selten erforschtes Gebiet, und lassen uns hiebei von den Kenntnissen und den reichen Erfahrungen von Männern leiten, welche die Belange des Seehandels und unsere überseeischen Verkehrsverhältnisse aus eigener Anschauung und gründlichen Studien kennen. Möge unsere kurze Darstellung als ein Beitrag zur Lösung einer wichtigen volkswirthschaftlichen Frage günstige Aufnahme finden.

I.

Die Verbindungen der Productionsmittelpuncte mit den Absatzgebieten sind, seit es Menschen gab, welche die gegenseitige Hilfe zur Befriedigung ihrer Bedürfnisse und Verlangen anrufen müssen, die Bedingungen des Verkehres; sie haben Handel und Industrie geschaffen.

Die einfachsten, wohlfeilsten Verbindungen bietet das Meer, daher hat sich die Cultur am frühesten und nachhaltigsten an den Meeresküsten entwickelt, und es haben sich dort von jeher Staaten gebildet, welche zu einer, weit über das numerische Verhältniss ihrer Gebietsausdehnung und ihrer Einwohnerzahl hinausreichenden, Macht gelangten und auf die Geschicke der Menschheit den entschiedensten Einfluss übten.

Heute noch, wo die Ausgleichung der Gegensätze unter den civilisirten Völkern so weit vorgeschritten ist, kann man den Reichthum und den Culturzustand eines Volkes aus der Beschaffenheit und der Benützung der Verbindungen bemessen, welche zwischen den eigenen und den fremden Mittelpuncten der Production und des Verbrauches bestehen.

Die Eisenbahnen haben den Einfluss des Verkehrs auf das Culturleben unendlich gesteigert, indem sie die kürzesten und schnellsten Verbindungen auf dem Festlande verzweigen und die Ausgleichung der Production und Consumtion im Innern der Continente bewirken. Ihr grösster Werth besteht aber darin, dass sie die entferntesten Binnenländer mit dem Meere verbinden, sich an den Seeverkehr, dem sie als Ergänzung dienen, anschliessen und hierdurch die Märkte des Inlandes mit den entferntesten Weltgegenden in Berührung bringen.

Nun besitzt Oesterreich ein schönes Stück Seeküste an dem adriatischen Meere, welches in vielfacher Beziehung sehr günstig gelegen ist, da es die mittelste, grosse, am weitesten nach Norden einschneidende Bucht des mittelländischen Meeres bildet und hiermit für Oesterreich und Central-Europa überhaupt den Seeweg nach sämmtlichen reichen Ländern des Mittelmeerbeckens und die Seeverbindung mit dem atlantischen Ocean eröffnet.

Oesterreich hat auch ein weitverzweigtes Schienennetz, und es wären sonach die zwei Hauptbedingungen einer regen Betheiligung am Weltverkehre gegeben; aber leider hat es bisher an dem gehörigen Ineinandergreifen der beiden Factoren gefehlt, der Verkehr des südlichen Küstenrandes entbehrt des richtigen Zusammenhanges mit dem Güterleben der Hauptmasse der Monarchie, welches nach der entgegengesetzten Richtung, nach Nordwesten und Norden, gravitirt.

Das österreichische Eisenbahnsystem hat sich radial aus dem Mittelpuncte Wien herausgebildet, und es wurden die ersten Schienenwege durch diejenigen Provinzen geführt, welche in Ur-Production, Industrie und Wohlstand am weitesten vorgeschritten waren, wo sich zunächst die Hauptbedingungen eines rentablen Eisenbahnverkehrs vorfanden, und wo auch der Eisenbahnbau am wenigsten Schwierigkeiten bot.

Es kam ganz natürlich, dass die ersten Bahnen in nördlicher und nordwestlicher Richtung bis an die schlesische und böhmische Reichsgrenze im Anschlusse an das bereits weit fortgeschrittene Eisenbahnsystem der norddeutschen Tiefebene zu einer Zeit fertig waren, wo die österreichische Seeküste noch durch das Steinmeer des Karstes von der Hauptmasse der Monarchie geschieden blieb, dass somit die directe Eisenbahnverbindung früher mit fremden als mit den eigenen Seehäfen hergestellt ward, der Verkehr aus zweiter Hand auf Unkosten des eigenen Seehandels begünstigt wurde, und die ganze Verkehrsrichtung für die reichsten österreichischen Ländergebiete nach Norden und Nordwesten – sich dergestalt verschob, dass dieselben bis Laibach Handelsdependenzen der norddeutschen, und in zweiter Linie der englischen, Häfen wurden, während die österreichische Seeküste, vom Gros der Monarchie isolirt, auf ihren Zwischenhandel beschränkt blieb.

Seither wurde allerdings die Südbahn bis zum Hafen von Triest geführt, und es wurde hiemit der Anfang zu einer intensiven Verbindung der Seeküste mit dem Binnenlande gemacht, nichts destoweniger hat es der österreichische Seeverkehr aus vielen Gründen bis zur Stunde noch nicht soweit gebracht, dass ihm ein entscheidender Einfluss auf die Hebung der vaterländischen Production und auf die so nothwendige Erstarkung des Nationalwohlstandes zugeschrieben werden könnte, und der ganze auswärtige Verkehr der Monarchie trägt einen Charakter der Dürftigkeit, welchen auch der wärmste Patriotismus nicht verkennen kann. Dass die Einfuhr nach Oesterreich, also der einheimische Verbrauch fremdländischer Erzeugnisse verhältnissmässig sehr geringfügig sei, beweisen am besten die Zollerträgnisse, welche in den Jahren 1852 bis 1862 zwischen 14 und 16 Millionen Gulden jährlich betragen und also in diesem langen Zeitraume nahezu stationär geblieben sind, während in England, Frankreich, im Zollvereine u. s. w. die Zolleinnahmen in der gleichen Periode sich ausserordentlich hoben.

Nicht besser steht es mit der österreichischen Ausfuhr; es liesse sich kaum ein Artikel namhaft machen, mit welchem Oesterreich massenhaft im Welthandel aufträte, welcher auf den auswärtigen Märkten eine erste Rolle spielen und dem österreichischen Exporte im Weltverkehr eine bestimmte Stellung anweisen würde. Oesterreich treibt auch en gros nur Kleinhandel. Einzelne Ausnahmen bestätigen nur die Regel. Wir erinnern hier nur an die günstige Conjunctur des Jahres 1861, wo, in Folge der Missernten des westlichen Europas, Ungarn zum ersten Male mit mehreren Millionen Metzen Getreide auf dem Weltmarkt erscheinen konnte. Dieses Superplus der gewöhnlichen Frachtenbewegung rief damals auf der Donau, auf den Eisenbahnen, im Hafen von Triest ein reges Leben hervor, die Börse notirte freudig den wohlthätigen Rückschlag auf die Valuta, durch die reichen Verkaufgewinne wurde die Steuereinhebung in Ungarn erleichtert, und die österreichischen Gewerbe und Fabriken hatten erhöhten Absatz. Gross waren die Hoffnungen und mannigfaltig die Entwürfe, welche sich an die neue Erscheinung knüpften, und ebenso gross die Enttäuschung, als sich herausstellte, dass man es eben nur mit einer vorübergehenden Chance zu thun hatte, und in jedem Falle hat dieser Zwischenfall den deutlichsten Fingerzeig gegeben, wie unter günstigen Verhältnissen der sprichwörtlich gewordene Reichthum des Kaiserstaates an noch nicht gehobenen Naturschätzen und noch gebundenen volkswirthschaftlichen Kräften sich verwerthen liesse.

In gleichem Maasse, wie die Urproduction, benöthigt die österreichische Industrie der Entfaltung ihrer Wirksamkeit nach Aussen. Wenn es hiefür noch eines Beweises bedürfte, so wird derselbe durch den Sturm geliefert, welcher sich erst jüngst aus österreichischen industriellen Kreisen gegen die Freihandelsprivilegien der österreichischen Seehäfen erhob.

Es ist hier nicht der Ort, in die Freihafenfrage näher einzugehen, wir erlauben uns nur Act von der Thatsache zu nehmen, dass der österreichischen Industrie ihr bisheriges Absatzgebiet zu enge geworden ist, dass sie sich befähigt fühlt, die Concurrenz mit den am weitesten vorgeschrittenen Industriestaaten aufzunehmen, und dass sie die Erweiterung ihres Absatzes nicht etwa durch die bisherigen indirecten, nach den nordwestlichen Europa-Häfen führenden Verbindungswege, sondern durch Vermittlung der österreichischen Seehäfen, durch den Seehandel postulirt.

Kann man zweifeln, dass das Bedürfniss aus den gegenwärtigen Verkehrsverhältnissen herauszukommen, ein allgemeines, tiefgefühltes sei?

Es liegt in der Gesammtheit der politischen, volkswirthschaftlichen und finanziellen Zustände des Kaiserstaates eine gebieterische Aufforderung, dem Nationalwohlstande neue ergiebige Quellen aufzuschliessen.

Dies kann nur geschehen, wenn Oesterreich sich aus seiner bisherigen Passivität in handelspolitischer Beziehung aufrafft und mit allen seinen reichen Kräften in den Kreis eines thätigen Welthandels eintritt; so lange sich der auswärtige Verkehr Oesterreichs in seinen jetzigen ausgetretenen Geleisen bewegt, ist ein erheblicher Aufschwung nicht zu erwarten.

Die Anerkennung, welche die österreichischen Industrie-Erzeugnisse auf den Weltausstellungen, namentlich letztens in London, gefunden haben, sind zwar ein erfreuliches Zeugniss für Leistungsfähigkeit und Fortschritt; aber ein namhafter Absatz nach dem europäischen Westen und Norden ist für dieselben hiermit noch nicht gewonnen und die Ausfuhr von österreichischen Producten nach jener Richtung kann nur beim Eintritte von besondern einzelnen Conjuncturen massenhaft werden, die wohl bestens benützt werden müssen, auf welche aber nicht mit Bestimmtheit gerechnet werden kann.

In Nordosten hat sich Russland durch ein starres Prohibitiv-System abgeschlossen; im Süden, in Italien, stehen politische Verhältnisse und eine in allen Gebieten scharf ausgeprägte Nebenbuhlerschaft im Wege. Mit der Türkei endlich betreibt Oesterreich allerdings einen sehr bedeutenden Verkehr, aber die Zeiten des grössten Flors desselben sind vorüber, nachdem der frühere, sehr vortheilhafte, über Oesterreich geführte Zwischenhandel seit der Aufhebung der englischen Korngesetze und in Folge des Krimkrieges sehr lebhaften directen Verkehrsbeziehungen des westlichen Europas zur Levante weichen musste. England bezieht nun aus dem azowschen und schwarzen Meere direct seinen Getreidebedarf, der österreichische Transit und Zwischenverkauf von Südfrüchten hat ganz aufgehört, die reichen Producte von Kleinasien und Egypten werden für englische und französische Rechnung an Ort und Stelle aufgekauft und auf dem Seewege direct verführt; der Oesterreichische Lloyd, welcher die Dampfschiffahrt in der Levante eingebürgert hat, kann sich nur mit grösster Mühe der übermächtigen Concurrenz fremder, reich subventionirter Gesellschaften erwehren, die levantinischen Märkte werden mit englischen Manufacturwaaren überschwemmt, in allen Gegenständen des Luxus herrscht unbedingt die französische Mode – kurz, die österreichische Position ist in der Levante in jeder Beziehung sehr schwierig geworden. Hiermit soll zwar nicht gesagt sein, dass sich bei Entwicklung der gehörigen Energie und bei sorgfältiger Benützung der Vortheile der Nachbarschaft, nicht für unsern Handel mit der Levante noch Manches erzielen lasse, aber im Ganzen genommen ist das dortige Handelsgebiet doch schon zu vielseitig ausgebeutet, und die Türkei ist in ihren politischen und volkswirthschaftlichen Verhältnissen zu übel bestellt, als dass ein besonderer Aufschwung unseres levantischen Handels sich erwarten liesse.

Wollen wir wirklich vorwärts kommen, so müssen wir, über die bisherigen allerdings fortan sorgfältig zu pflegenden Handelsgebiete hinaus, den Blick frei und muthig in das Weite richten, wir müssen neue und ausgiebige Verbindungen und zwar mit denjenigen Ländern anknüpfen, deren

Production und Industrie von der unsrigen in der Art verschieden ist, dass wir gewinnbringend mit ihnen Geschäfte eingehen können. Wenn Oesterreich in dem Zollvereine, in England, in Frankreich, Belgien und der Schweiz zur Stunde nicht mit Vortheil seine Erzeugnisse abzusetzen vermag, so ist damit noch lange nicht gesagt, dass es dieselben nicht direct in jene fernen Consumtionsländer führen könne, wohin Engländer, Franzosen, Norddeutsche, Belgier und Schweizer die ihrigen bringen, und es kann umso weniger einem Zweifel unterliegen, dass wir dort, wo uns die geographische Lage, wohlfeilerer Transport u. s. w. begünstigen, concurrenzfähig auftreten könnten, als nach vielen glaubwürdigen Zeugnissen schon jetzt im transoceanischen Verkehre so manche gut österreichische Waare, brünner Tuche, Kurzwaaren u. dgl. unter englischer, französischer oder hanseatischer Firma gehen, so manche Gallone ungarischen Weines als echter Bordeaux zu den höchsten Preisen verkauft wird.

Wäre es nicht besser, wenn wir, statt dem fremden Zwischenhändler die Gewinne des Vertriebs zu überlassen, selbst an Ort und Stelle gingen, uns überall andrängten, wo es noch zu verdienen gibt, alle Märkte aufsuchten, die noch nicht überfüllt und ausgebeutet sind?

Wäre es nicht vortheilhafter, wenn wir, statt fremdländische Producte aus dritter und vierter Hand über Hamburg, Stettin oder Bremen zu beziehen, oder im besten Falle hie und da schwimmende Schiffsladungen, auf denen die Provisionen fremder Unterhändler lasten, in Triest zu kaufen, unsern Consumtionsbedarf mit unsern Schiffen, direct vom Erzeugungsorte holen würden? Erhalten wir z. B. die Colonialwaaren, welche heut zu Tage nicht mehr Gegenstand des Luxus, sondern des Lebensbedürfnisses geworden sind, wohlfeiler als jetzt, so steigt der Consumo und mit ihm das Zollerträgniss; werden die Hilfsstoffe unserer Fabricationen billiger, so kräftigt sich unsere Industrie und wird um so absatzfähiger.

Tritt man aber aus den engen Kreisen, in welche der österreichische Verkehr bis zur Stunde gebannt ist, so eröffnet sich ein weiter, unübersehbarer Horizont, eine Welt liegt vor uns, welche bis nun nur in österreichischen Schulzimmern und Gelehrtenstuben bekannt ist, eine Welt voll des regsten Lebens, der Tummelplatz aller übrigen civilisirten Völker, wo der Handelsgeist täglich unerhörte Triumphe feiert, wo die ganze Ueberlegenheit europäischer Thatkraft und europäischer Cultur, vor welcher tausendjährige Reiche in den Staub versinken, sich geltend macht, wo sich eine Solidarität der Interessen der Menschheit vorbereitet, die in den Annalen der Civilisation nicht ihres Gleichen findet.

Welche Reihenfolge von Unterlassungen und von versäumten Gelegenheiten haben wir zu verzeichnen!

Wenden wir unsern Blick auf den Continent von Amerika, welchen Maury's berühmte Forschungen und die Fortschritte der Schiffbaukunst in der Neuzeit dem alten Europa um so viel näher gebracht hat, und sehen wir von den Ländern ab, welche die anglo-sächsische Race besetzt hält, welches Feld der Thätigkeit bieten nicht ausser den Antillen die ehemaligen spanischen und portugiesischen Colonien! unermessliche Länder, in Fülle gesegnet mit den herrlichsten Producten theils der heissen, theils der gemässigten Zone, bewohnt von Völkern romanischer Abstammung, welche durch eine langjährige politische Zerfahrenheit zwar vielfach herabgekommen sind, aber das Bedürfniss europäischer Civilisation in sich tragen und bei den unerschöpflichen natürlichen Reichthumsquellen, über die sie verfügen, bei ihrem Hange zum Luxus und in gänzlicher Ermangelung jeglicher eigenen industriellen Thätigkeit, mit ihrem ungeheuren Bedarfe von Europa abhängen!

In diesen gewinnreichen Güterverkehr theilen sich die Handelsvölker; Engländer und Amerikaner sind überall zu finden, Deutsche und Schweizer halten mit ihnen fast überall gleichen Schritt, es gibt keine namhafte Hafenstadt, wo sich nicht eine ansehnliche, die Verbindungen mit dem Mutterlande festhaltende deutsche Kaufmannschaft ansässig gemacht hätte; die reichsten Kaufherren von Hamburg und Bremen versäumen nicht, ihre Söhne für einige Jahre in die hohe Schule des amerikanischen Handels zu schicken; die Franzosen behaupten auch in Amerika in allen Gegenständen der Mode und des Raffinements ihre Ueberlegenheit, kurz, man findet in dem allgemeinen Weltlauf nach Erwerb und Gewinn alle Firmen, alle Flaggen vertreten, bis auf die österreichische.

Was hat sich nicht unmittelbar nach der Entdeckung der californischen und australischen Goldlager verdienen lassen!

Wenn man bedenkt, welche Unsummen von Werthumsätzen erforderlich waren, um die Bedürfnisse der Goldsucher zu befriedigen, welche aus allen Theilen der Welt in jene frühere Wüste und unwirthbare Gegenden zu Hunderttausenden zusammengeströmt waren, denen alle Lebensmittel, alle Werkzeuge, Bekleidungsstücke und Hausrath über den Ocean zugeführt werden mussten, wo sich alle Preisverhältnisse verrückten und bei Gegenständen, welche anderer Orten die geringsten Werthe hatten, fabelhafte Gewinne gemacht wurden, so kann man nur bedauern, dass sich weder die österreichische Rhederei, noch der österreichische Export an einer solchen beispiellosen und durch Jahre andauernden Bewegung betheiligt hatten.

Betrachten wir weiters die blühende Cap-Colonie, Ostindien, seit uralten Zeiten das Mecca des Welthandels, wo sich England in den letzten hundert Jahren ein wundersames Reich von 110 Millionen Einwohnern gegründet hat, Ceylon, Singapore, das Stelldichein aller Flaggen, die reichen Länder Siam und Cochinchina, die wohlgeordneten wichtigen Colonien der Holländer im Sunda-Archipel, Australien und Oceanien, die Philippinen, China und Japan, so wird man in allen diesen Gebieten und Reichen, deren Ausdehnung, Mannigfaltigkeit, Producten-Reichthum und Lebensfülle den Blick verwirren, vergebens nach einer Spur von österreichischer Handelstätigkeit spähen. Man kann die Welt umsegeln, und ausserhalb der Meerenge von Gibraltar nicht einen einzigen österreichischen Handelsmann, oder auch nur Handels-Agenten finden, welcher mit dem Mutterlande in Verbindung stände; die vereinigten Staaten von Nord-Amerika und Brasilien ausgenommen, steht Oesterreich mit keinem transoceanischen Staate in Handels- und Schiffahrtsbeziehungen in tractatmässigem Verhältnisse, selbst die Consular-Vertretung ist äusserst spärlich gesät, und kaum mehr als nominell, die wenigen österreichischen Handelsschiffe, welche sich auf gut Glück jenseits des Aequators wagen, finden kaum hie und da an einigen Hauptorten den nothdürftigsten Schutz, kein Europäer ist so rath- und hilflos, fühlt sich so sehr Fremdling in jenen fernen Zonen, als der Oesterreicher.

In Ostasien hat sich in unseren Tagen ein Ereigniss von unberechenbarer Tragweite vollzogen, welches in der Geschichte der Menschheit für immer Epoche machen wird, das Kaiserthum China mit 385,000 Quadratmeilen Flächeninhalt und 350 Millionen Einwohnern ist durch eine Handvoll europäischer Soldaten und Seeleute gezwungen worden, die tausendjährigen für unübersteiglich gehaltenen Schranken fallen zu lassen, welche das Reich der Mitte von der übrigen Welt trennten. Es steht jetzt in Folge feierlicher, auf den Ruinen des kaiserlichen Palastes der Mandschu besiegelten Verträge dem Handel aller Nationen offen, und selbst das reich bevölkerte, in seiner Art hoch cultivirte Inselreich Japan, welches seine Abgeschlossenheit noch strenger als selbst China bewahrt hatte, wird dem Andrange europäischer Ueberlegenheit nicht widerstehen, sein Zersetzungsprocess ist eben im Zuge.

Die Engländer, deren Interessen zunächst den Umsturz herbeigeführt, ziehen hievon auch den meisten Nutzen, ihr Verkehr mit China und Japan zählt schon jetzt nach Millionen Pfund Sterling. Frankreich erlangt in jenen Ländern einen viel bedeutendern politischen Einfluss. Russland drückt mit seiner Wucht von der Amur-Mündung her auf die chinesische Nordgrenze, die Amerikaner pflegen trotz des Wüthens des Bürgerkrieges in ihren Gewässern ihre Interessen, Holland, Schweden und Dänemark haben sich beeilt, ihre Verträge abzuschliessen; selbst Preussen machte sich im fernen Osten durch Schiffs-Expeditionen und diplomatische Missionen geschäftig.

Und Oesterreich? – –

Es wird kommenden Geschlechtern ein Räthsel bleiben, dass das mächtige Donaureich, während es in Europa eine erste Rolle übernahm und durch seine Institutionen und durch seinen Fortschritt in allen Zweigen der Culturs-Entwicklung einen hervorragenden Platz behauptete, bei einer strebsamen, rührigen Bevölkerung von 36 Millionen, im Besitze einer Seeküste und aller zur Herstellung ausgedehnter Handelsverbindungen erforderlichen materiellen Mittel, zu einer Zeit, wo der Handel die aussereuropäische Welt umstaltete, sich wie absichtlich ausserhalb der grossen Verkehrsströmung gehalten hat.

Indessen, wenn nicht alle Zeichen trügen, so ist der Moment nicht ferne, wo diese Abschliessung ein Ende nehmen wird. Die kaiserliche Regierung ist durch die in grossem Style gedachte und glücklich ausgeführte Novara-Expedition mit dem ersten vorbereitenden Schritte vorangegangen. S. M. Fregatte »Novara« hat in den Jahren 1857 bis 1859 in der würdigsten Weise die österreichische Flagge in Häfen und Handelsmittelpuncten entfaltet, in welchen nicht einmal der österreichische Name bekannt war, es ward ihr aller Orten mit der grössten Achtung und Zuvorkommenheit begegnet. Die Novarafahrt hat ein glänzendes Zeugniss österreichischer Seekunde geliefert; der mit den Waffen der Wissenschaft geführte Kampf mit dem Teifun vom 18. August 1858 wird stets ein schönes Blatt in der Geschichte der Nautik bilden.

So wie die Resultate der Forschungen der scientifischen Abtheilungen der Novara-Expedition in der gesammten Gelehrtenwelt verdientes Aufsehen erregten, so sieht der österreichische Handelsstand seinerseits der Veröffentlichung des von der Novara gesammelten reichen handelsstatistischen Materiales mit grösster Spannung entgegen, in weiten Kreisen ist ein lebhaftes Interesse für die von der »Novara« besuchten fernen Länder erwacht; schon haben sich einige österreichische Rheder bestimmen lassen, einzelne Schiffe nach den indischen Gewässern auf gut Glück zu senden, und wenn auch unsere wackeren Capitäne dort nach wie vor mit den oben geschilderten Hindernissen und Schwierigkeiten zu kämpfen haben, so verhallen ihre Klagen doch nicht mehr ungehört.

Erst vor einigen Wochen wurde in allen Zeitungen das Schreiben des Capitäns vom österreichischen Handelsschiffe »Erzherzog Ferdinand Max« besprochen, welcher seinem Rheder anzeigte, dass er einen Frachtgewinn von 4000 L. Sterling für eine Fahrt nach Japan ausschlagen musste, weil der österreichischen Flagge in Ermangelung eines Handelsvertrages die dortigen Häfen verschlossen sind, indem er zugleich bittere Klage über die Mangelhaftigkeit der österreichischen Consulate in den transoceanischen Ländern überhaupt erhob.

Ebenso hat die Triester Handelskammer ganz kürzlich, in einer an das Handelsministerium gerichteten Vorstellung, die Nothwendigkeit der Reorganisirung des dortigen österreichischen Consularwesens zum bessern Schutze des österreichischen Handels- und Schiffahrts-Verkehrs auf das Nachdrücklichste betont, und fast täglich erscheinen in den Tagesblättern Mahnungen und Andeutungen, Oesterreich solle seine Handelsverbindungen nach Aussen erweitern.

Schon sind ernst gemeinte Projecte zur Errichtung österreichischer regelmässiger transatlantischer und transegyptischer Dampfschiffahrtslinien aufgetaucht, und selbst die originelle Idee, von Wien und Triest aus eine Reise um die Welt als Vergnügungsfahrt zu veranstalten, beweist, wie vertraut sich das Publicum mit weit aussehenden Unternehmungen zu machen anfängt.

Es scheint hoch an der Zeit zu sein, dass die kaiserliche Regierung zur Vermeidung der sonstigen Zersplitterung der Kräfte alle diese Vorbereitungen und Anregungen in ein System bringe und mit fester Hand dem praktischen Ziele einer möglichsten Verwerthung der vaterländischen Production und der Potenzirung der österreichischen Handelstätigkeit zuführe.

So viel auch im Allgemeinen die Selbstthätigkeit der Individuen gilt, so ist das Ziel, das wir vor Augen haben, doch zu schwer zu erreichen, als dass die Einzelkraft genügte. Es ist nicht hinreichend, dass ein österreichischer Kaufmann nach einem beliebigen Puncte der Erde sich wende, um dort ein Verkaufsmagazin aufzuschlagen oder einen Tauschhandel zu betreiben, bei dem grossen Vorsprunge, welchen andere Handelsvölker vor uns gewonnen haben, bei der Intensität ihrer Handelsverbindungen, bei ihrer Capitalsübermacht und ihren Local-Erfahrungen wird es für den österreichischen Handelsmann nicht eben die leichteste Aufgabe sein, durch Ankauf an den Erzeugungsorten fremdländische Producte wohlfeiler auf den österreichischen Verkaufsmarkt zu stellen, als solche in Oesterreich von den grossen europäischen Weltmärkten, wie London und Liverpool, Amsterdam und Hamburg, Havre und Marseille bezogen werden können.

Ebenso schwierig wird dem Exporteur österreichischer Fabrikate und Producte, auch wenn sie vollkommen preiswürdig sind, der Kampf mit der fremden Concurrenz in den transoceanischen Ländern werden, da wir in Allem, was die Appretur einer Waare, die gefällige äussere Ausstattung, Reclame und überhaupt Waarenvertrieb betrifft, noch sehr viel zu lernen haben, eingehende Studien über den Geschmack der ausländischen Kunden erst zu machen sind, und das richtige Creditgeben zu den schwersten Aufgaben gehört.

Missgriffe in den ersten Anläufen würden um so schädlicher wirken, je schwächer die Capitalskraft ist, welche wir auf weit aussehende Unternehmungen verwenden können, Verluste der ersten Unternehmer würden für lange Zeit andere abschrecken und auch spätere richtige Combinationen paralisiren.

Es gehört also zur Förderung der guten Sache vor Allem ein bestimmter Plan, eine grosse Vorsicht und Umsicht bei den ersten Schritten, eine sorgfältige Auswahl der Operationsobjecte, und die Regierung wird diese Leitung um so mehr in die Hand nehmen müssen, als nur sie allein im Stande ist, die Haupthindernisse zu beseitigen, welche der Entwicklung unseres äusseren Handelsverkehrs theils vom internationalen Standpuncte, theils wegen einzelner Mängel und Gebrechen der einheimischen Gesetzgebung und Verwaltung noch entgegenstehen.

Sind einmal die Wege in grossen allgemeinen Umrissen vorgezeichnet und geebnet, dann, aber auch erst dann, wird die Thatkraft und der Unternehmungsgeist Einzelner oder sich bildender Associationen sich geltend machen können, und die Anstrengungen und Opfer, welche hier, wie überall, wo etwas Grosses geleistet werden soll, zu bringen sind, werden um so gewisser zum Erfolge führen, als das frische, geistige Leben, welches seit der Begründung freisinniger Institutionen die Völker Oesterreichs erfasst, auch die volkswirtschaftliche Bewegung unwiderstehlich aus den alten Geleisen herausdrängt.

An alle diese Erwägungen reiht sich als verstärkendes Argument die Suezfrage.

Kommt der Schiffahrtskanal zu Stande, welcher das mittelländische mit dem rothen Meere, Central-Europa mit Ostindien und Hinterasien verbindend, in vollendeter Gestalt den Handelsweg wieder eröffnet, der von den Zeiten der Ptolomäer bis zu jenen Vasco de Gama's die Länder des Mittelmeer-Beckens, gross, reich und mächtig gemacht hatte, so wird ein solches Ereigniss unfehlbar dem Welthandel eine neue Richtung geben und denjenigen Staaten die grössten Vortheile bieten, welchen nach ihrer geographischen Lage der directe Schiffahrtsweg nach dem Handelsgebiete des indischen Oceans am meisten abgekürzt wird.

In diesen günstigen Fall wird Oesterreich kommen, denn von Triest beträgt der Weg nach Bombay über das Cap der guten Hoffnung 13,000 und über Suez nur 4200 Seemeilen; Triest wird also auf der letzten Wasserstrasse 8800 Seemeilen, das ist zwei Drittel des Weges, gewinnen, während z. B. von Southampton nach Bombay die Distanz über das Cap 10,550 und über Suez 6100 Seemeilen beträgt, daher für England die Distanzenverringerung nur mit zwei Fünftel entfallen wird.

Die österreichischen Schiffe werden am rothen Meere, dessen Beschiffung viele Aehnlichkeit mit jener des adriatischen Golfes hat, bis Bombay gleichsam Cabotage betreiben; was man von ausserordentlichen Schwierigkeiten der Segelschiffahrt am rothen Meere fabelt, ist nach dem Urtheile der competentesten Nautiker einer ernsten Beachtung nicht werth.

Die mit Hartnäckigkeit festgehaltene Behauptung, dass der Durchstich des Isthmus technisch unausführbar sei, ist verstummt, seitdem eine der ersten brittischen Fachautoritäten, Mr. Hawkshaw, mit überzeugenden Gründen seinen ungläubigen Landsleuten über die technische Frage die Augen geöffnet hat. Seither haben die Gegner des Suezkanals ihre Taktik geändert, sie bespötteln das Werk nicht mehr, aber sie suchen es durch allerhand Chikanen zu hindern, doch auch dieses Bemühen ist vergebens, die Arbeiten gehen unaufhaltsam vorwärts, das grosse Werk ist zu weit vorgeschritten, es entspricht zu sehr dem Zeitgeiste und wird von zu mächtigen Interessen getragen, als dass sein endliches Gelingen noch ernstlich in Zweifel gezogen werden könnte.

Aber auch eine skeptische Auffassung der Suezfrage wird sich der Ueberzeugung nicht verschliessen können, dass es sehr bedenklich wäre, einer solchen, die handelspolitische Zukunft Oesterreichs so nahe berührenden Eventualität gegenüber, sich indifferent und unthätig zu verhalten.

Wenn sich die auf den Suezkanal gesetzten Hoffnungen nicht erfüllen sollten, Oesterreich aber im Welthandel festen Fuss gefasst, und in Ostindien und Ostasien Verbindungen angeknüpft hat, so wird es diese Verbindungen auf den alten Handelswegen, über das Cap der guten Hoffnung und auch mittels der egyptischen Eisenbahn über Suez pflegen und mit den anderen Handelsvölkern gleichen Schritt halten, umgekehrt aber, wenn der Suezkanal, wie Alles erwarten lässt, und zwar bald, zu Stande kommt und Oesterreich sich gar nicht hiefür vorbereitet hat, so wird es durchaus nicht in der Verfassung sein, von der neuen Handelsstrasse irgend einen Nutzen zu ziehen, es wird von anderen Nationen überholt werden und dadurch empfindlichen Schaden erleiden.

Man beachte nur, was um uns herum, bei unsern Nachbarn und Rivalen vorgeht.

Sollte uns ganz gleichgiltig sein, dass Frankreich alle seine Kräfte in Bewegung setzt, um den Verkehr nach der Richtung des Suezkanals zu fördern, dass es die Vollendung desselben nicht abgewartet hat, um von Suez bis China sich eine Verkehrslinie ersten Ranges durch Errichtung einer ausgedehnten Dampfschiffahrt zu schaffen, und dass alle seine Vorkehrungen dahin gerichtet sind, Marseille zu einem Hauptstapelplatz des Welthandels zu erheben?

Während das französische Eisenbahnnetz nach allen Richtungen hin so vervollständigt wird, dass alle Häfen und Mittelpuncte der Industrie und Production unter einander und mit Paris in Verbindung gesetzt werden, während Marseille und Bordeaux, also das mittelländische Meer mit dem atlantischen Ocean, einer vermehrten Schienenverbindung entgegensieht, entstehen in Marseille die grossartigsten Hafenbecken und Docks zur Aufnahme der anlangenden Güter, welche unmittelbar von den Schiffen entweder auf die Waggons der bis an die Quais reichenden Eisenbahn geschafft, oder in den in gleicher Weise zugänglichen Waarendocks aufgespeichert werden. – Die Bedingungen des Handels, wie sie heut zu Tage zur unabweisbaren Nothwendigkeit geworden, werden in Frankreich in grösstem Massstabe erfüllt, und die ungeheueren Kosten, welche dies erfordert, müssen sich glänzend verwerthen, da nur hiedurch sich die auffallende Erscheinung erklärt, dass Hand in Hand mit dem von Jahr zu Jahr steigenden colossalen Ausgabsbudget die Regierungs-Einnahmen sich jährlich vermehren, und die erhöhten Abgaben mit Leichtigkeit einfliessen.

Noch näher berührt uns aber, was in Italien vorgeht.

Ungeachtet eines von Jahr zu Jahr steigenden Finanzdeficits, verfolgt die Regierung von Turin mit grösster Thätigkeit und, wie sich nicht leugnen lässt, mit überraschendem Erfolge, handelspolitische Ziele, welche ihre Spitze zunächst gegen Oesterreich kehren.

Ohne uns bei den Anstrengungen aufzuhalten, welche Genua macht, um unsere Rhederei immer mehr aus den Häfen des Archipels und des schwarzen Meeres zu verdrängen, und indem wir einerseits den italienisch-preussischen Handelsvertrag vom Jahre 1861 und andererseits die italienischen Absichten auf Montevideo, wohin eben jetzt zur Verstärkung der dortigen Schiffsstation eine Fregatte abgesendet wird, nur vorübergehend erwähnen, müssen wir ernstlich hervorheben, dass die Haupttendenz der italienischen Regierung offenbar darauf ausgeht, Oesterreich auf dem adriatischen Meere den Rang abzulaufen, und unsern Seeverkehr in italienische Häfen zu leiten.

Schon führt die Eisenbahn vom Fusse der Savoyischen und Schweizer Alpen bis Ancona und wird binnen Jahresfrist die directe Schienenverbindung bis an die Küste des jonischen Meeres, bis Brindisi reichen; für ein neues Project, die Eisenbahn bis Otranto zu führen, hat sich schon eine englische Gesellschaft mit einem Capitale von 4 Millionen L. Sterl. gebildet, auf die Verbesserung der Häfen von Ancona und Brindisi werden jährlich ungeheuere Summen verwendet, in Ancona ist eine Dampfschiffahrt-Gesellschaft errichtet worden, welche sich bezeichnend die adriatisch-orientalische nennt, dem Oesterreichischen Lloyd auf der Linie Alexandrien-Triest bedeutende Concurrenz macht und sich einstweilen, da

Italien noch zu wenige Handelsverbindungen mit Egypten besitzt, ihre Ausfrachten in Triest selbst holt, schon stellt der Schweizer Bundesrath mit dieser Gesellschaft in Verhandlung, um die für die Schweiz bestimmte indische Post über Ancona auf die Route Colico-Chur zu leiten, und wiederholt tauchen in den Tagesblättern Notizen auf, dass man sich in Italien mit dem Gedanken der Errichtung einer italienischen Suez-Indien-Dampfschiffahrtslinie vertraut mache, was um so weniger übersehen werden darf, als nach der Ansicht von Männern, welche mit den ostindisch-hinterindischen Handelsverhältnissen vertraut sind, neben der englischen Peninsular-Company und der französischen Messageries für eine dritte, aber keineswegs für eine vierte Dampfschiffahrts-Unternehmung noch Raum bleibt.

Wie fest in Italien die Eventualität der Eröffnung des Suezkanals im Auge behalten wird, beweiset das erst vor kurzem veröffentlichte officielle Schreiben, welches die Handelskammer von Ancona an Herrn Lesseps, den Director der Suez-Gesellschaft, richtete, und welches wir unten seinem vollen Wortlaute nach wiedergeben[A].

> [A]: A. M. Ferdinand de Lesseps, la chambre royale du commerce et des arts d'Ancône.
>
> Ancône, 21. Juillet 1863.
>
> Illustre seigneur!
>
> Si l'Italie entière accompagne de ses voeux votre entreprise et nourrit l'espérance de son accomplissement, ces voeux et cette espérance sont d'autant plus profonds dans les habitants d'Ancône, que le jour où votre grande pensée sera devenue un fait, elle ouvrira pour eux une féconde source de vie commerciale, de prospérité et de richesse. En effet, le courant puissant qui, grâce à vous, va s'établir pour les échanges entre les océans orientaux et l'Europe, en divisant la navigation du monde entre quatre grandes branches, celle du Danube, celle de l'Adriatique, celle de la Méditerranée et de Gibraltar, fera dériver chez nous un vaste rameau de ces commerces et une large part des nouvelles richesses.
>
> C'est pourquoi cette chambre, interprète des voeux du commerce ancônitain, se tourne vers vous et vous envoie remercîments et bon augure en faveur de l'achèvement prochain de cette oeuvre magnanime.
>
> Les jalousies politiques, les défiances des puissants ne pourrant arrèter cette oeuvre. La voix de l'humanité industrielle et pacifique qui vous guide providentiellement au but vaincra

toutes les passions, dispersera tous les obstacles des hommes ou des États opposants.

Le président, Pietre Farsetti.

Wir glauben eine Bürgerpflicht zu erfüllen, wenn wir alle diese Thatsachen anführen, durch welche Oesterreich auf seinem eigenen Seegebiete mit vollständiger Ueberflüglung bedroht und der Gefahr nahe gerückt wird, für immer von einer thätigen Theilnahme am Welthandel ausgeschlossen zu werden. Was es bedeute, wenn sich der Handelszug im adriatischen Meere von der österreichischen Seeküste ab in italienische Häfen lenkte, dass hiedurch die ganze politische Machtstellung Oesterreichs in der Adria in ihren Grundfesten erschüttert würde, bedarf wohl kaum einer näheren Begründung. In unserem Zeitalter des Positivismus üben die materiellen Interessen die stärkste Anziehungskraft und entscheiden über die Geschicke der Staaten.

Noch steht Oesterreich in dem schon begonnenen Kampfe um das commercielle Uebergewicht im adriatischen Meere im Vortheile; dass Italien mit seinen Eisenbahnen viel südlicher als wir reicht, wird durch die längere Strecke der wohlfeilern Wasserfracht nach österreichischen Häfen und unsern längst vollendeten Schienenweg über die Alpenkette noch immer aufgewogen, wenn aber gegnerischer Seits mit einer nur durch die im Hintergrund liegenden politischen Zwecke erklärlichen Rührigkeit Alles aufgeboten wird, die dortigen Nachtheile zu überwinden, und unsererseits nichts geschieht, um die natürlichen Vortheile zu benützen, so kann das Endresultat leider nicht zweifelhaft sein.

II.

Nachdem wir bisher versucht hatten, den ungenügenden Stand des österreichischen auswärtigen Handels zu schildern, die Gründe zu erörtern, welche eine Erweiterung unserer äusseren Verkehrsbeziehungen nothwendig machen, und die Dringlichkeit derselben nachzuweisen, erübrigt uns noch, die Mittel anzudeuten, welche zu diesem Ziele führen, und insbesondere diejenigen ersten Schritte zu bezeichnen, mit welchen die kaiserliche Regierung der Selbstthätigkeit der Einzelnen den Weg zu bahnen hätte.

Wir setzen hiebei die vollständige Wiederherstellung der österreichischen Valuta voraus, ohne welche an erfolgreiche nach Aussen gerichtete Handelsoperationen nicht gedacht werden kann, so wie wir auf das baldige Zustandekommen einer zeitgemässen Reform unseres Zolltarifes hoffen. Wir betrachten als eine nicht minder selbstverständige Vorbedingung, dass die kais. Regierung fortfahre, die noch aus früheren Zeiten stammenden Verkehrshemmnisse zu beseitigen, die Unternehmungslust zu ermuntern, jedes gemeinnützige Streben zu fördern, auf die möglichste Wohlfeilheit und auf die Vermehrung der Communicationsmittel, insbesondere auf die thunlichste Vervollkommnung der Schienenverbindungen zwischen Binnenland und Seeküste einzuwirken, wobei das allgemeine Interesse nur gewinnen kann, je mehre directe Berührungspuncte zwischen der Seeküste und dem weiten Innern der Monarchie sich bilden, und je mehr die einzelnen Reichsbestandtheile ihre Erzeugnisse auf den kürzesten Linien dem Weltmarkte mittels des Seehandels zuzuführen vermögen.

Wir rechnen auch darauf, dass die Schienenverbindungen künftig hin nicht nur bis an das Meer, sondern bis in das Meer reichen werden, dass also die kais. Regierung alle erforderlichen Vorkehrungen treffen werde, durch welche, wie dies in allen ersten Hafenplätzen Europas der Fall ist, auch in unsern Seehäfen mit Vermeidung aller Zwischenspesen die directeste Verbindung zwischen der Eisenbahn und den Handelsschiffen bei der Ein- und Ausladung der Güter, sowie die mindest kostspielige Aufspeicherung in den Hafenmagazinen hergestellt wird.

Endlich betrachten wir als eine Nothwendigkeit, dass sich zwischen dem Innern und der Seeküste, also zwischen dem Producenten und dem Exporteur, zwischen dem Consumenten und dem Importeur das bisher so schwer vermisste Zusammenwirken und Verständniss einstelle, dass einerseits in den Seehäfen die Ueberzeugung feste Wurzel fasse, dass ihr Heil und Gedeihen nur in der Solidarität und Vereinbarlichkeit ihrer Interessen mit jenen der Gesammtmonarchie liege, während andererseits auch das Binnenland lerne, die Eigenthümlichkeiten und besonderen Erfordernisse des Seeverkehrs besser zu würdigen, und demselben die für den auswärtigen Absatz berechnete Production anzupassen.

Alle diese hier nur flüchtig skizzirten Voraussetzungen, an welche sich noch manche andere Vorkehrungen anreihen lassen, gehören entweder in das Gebiet der innern Gesetzgebung und Verwaltung, welche ohnedies auf ihre Realisirung hinarbeiten, oder sie werden durch die Macht der öffentlichen Meinung verwirklicht werden. Ausser denselben sind aber noch andere unmittelbar nach Aussen wirkende vorläufige Massnahmen erforderlich, auf welche wir speciell die Aufmerksamkeit lenken zu sollen glauben.

Solche Massnahmen, durch welche allein eine ausgiebige und erfolgreiche Bethätigung Oesterreichs am transoceanischen Verkehre angebahnt werden kann, sind folgende:

1) Möglichst baldige Abschliessung von Handels- und Schiffahrtsverträgen mit denjenigen nicht europäischen Regierungen, deren Gebiete von österreichischen Handelsschiffen berührt werden, oder berührt werden können.

2) In Folge des durch diese Handels- und Schiffahrtsverträge erworbenen Rechtes, Einsetzung von tüchtigen, ihrem Dienste gewachsenen und vertrauenswürdigen österreichischen Consular-Functionären.

3) Eindringlichstes Studium an Ort und Stelle der für Oesterreichs auswärtigen Export- und Importhandel, sowie für seine Rhederei (Segel- und Dampfschiffahrt) vortheilhaftesten transoceanischen Hauptplätze.

1. Handels- und Schiffahrts-Verträge.

Selbst im Verkehre der europäischen Nationen unter einander hat sich schon längst das Bedürfniss geltend gemacht, für denselben durch besondere Stipulationen einen positiveren Rechtsboden zu gewinnen als das allgemeine internationale Recht zu geben im Stande ist.

Demgemäss hat auch Oesterreich zur Förderung und Sicherung seines Handels längst mit geordneten, der europäischen Gesittung huldigenden Regierungen Verträge abgeschlossen, welche übrigens, nebenbei gesagt, einer Revision bedürftig sind.

Für den Verkehr mit aussereuropäischen Völkern ist in dieser Richtung von Oesterreich bisher noch so gut wie nichts geschehen, gleichwohl bilden für denselben die Verträge die conditio sine qua non, weil sie den eigenen Seefahrern und Kaufleuten den einzigen Rechtstitel auf Zulassung zum Geschäftsbetriebe und auf Vornahme ihrer Geschäfte billige Behandlung Seitens der Landesbehörden und Einwohner geben. In Ermanglung eines Vertragsverhältnisses sind wir an den meisten Quellen reichsten Erwerbes, an den meisten Orten, wo unsere industriellen Erzeugnisse Absatz finden könnten, im besten Falle nur geduldet und unsern Concurrenten gegenüber immer im Nachtheile, unsere Capitäne müssen sich unter den Schutz einer fremden Vertretung stellen, oder so gut als möglich unter der Hand sich Begünstigungen zu verschaffen suchen.

Dass es der Würde einer Großmacht nicht entspricht, nur unter solchen demüthigenden Bedingungen einen dürftigen auswärtigen Verkehr zu fristen, und dass unser Handel und unsere Industrie sich auf so unsichern Grundlagen nicht entwickeln und ausgedehnte Absatzmärkte nicht gewinnen können, bedarf wohl keines weiteren Beweises.

Unter civilisirten Staaten kommen Handels- und Schiffahrts-Verträge im Wege einfacher diplomatischer Verhandlungen zu Stande, da sie auf Grund gleicher Einsicht und Cultur, zur Befestigung ohnedies bestehender freundschaftlicher Beziehungen, in Anerkennung der wechselseitigen Vortheile beider contrahirenden Theile hergestellt werden.

Wo aber solche Vorbedingungen leichtern Einvernehmens nicht vorhanden sind, wo auf einer Seite die Ausbreitung der eigenen

Handelstätigkeit nach den Grundsätzen des europäischen Völkerrechtes angestrebt wird, auf der andern jedoch eine fremdartige Cultur eine verschiedene Auffassung der Verkehrsbeziehungen mit sich bringt, wo endlich eine hartnäckige Racen-Abneigung, gepaart mit Nationaldünkel und Selbstüberschätzung so deutlich, wie z. B. an den chinesischen und japanischen Küsten hervortreten, sind internationale Verhandlungen nur dann möglich und für die Zukunft von Werth, wenn sie, je nach dem zu erreichenden Zwecke, von einer mehr oder minder bedeutenden Entfaltung physischer Kräfte unterstützt werden.

Bei rohen und unwissenden Völkern ist Achtung synonym mit Furcht, sie achten nur denjenigen, dessen Stärke und Macht ihnen fühlbar gemacht werden kann, der ihnen den Beweis liefert, ihnen in jeder Beziehung überlegen zu sein[B].

> [B]: Frühere Erfahrungen haben gelehrt, dass Argumente und Ueberzeugungskünste an diesem Volke (den Japanesen) nutzlos verloren sind, wenn nicht eine Ehrfurcht gebietende Macht ihnen Nachdruck zu verschaffen weiss (Instruction des Marine-Ministers der Vereinigten Staaten Nordamerikas für Commodore Perry aus Anlass seiner Expedition nach Japan).

Küstenvölker im Allgemeinen, welche in Folge ihrer geringern Culturstufe oder ihrer Entfernung von Europa nur unvollkommene Begriffe von den Machtverhältnissen der europäischen Staaten besitzen, fühlen nur dann die Nothwendigkeit, fremdländischen Ankömmlingen freundlich zu begegnen, wenn diese letztern durch eine Vertretung zur See von ihrer Macht und zugleich von ihrem Willen Zeugniss geben, ihre Rechte nöthigenfalls mit Waffengewalt zu unterstützen und zur Geltung zu bringen.

Die Wünsche und Anforderungen, welche das Geschwader eines Staates im Namen seiner Regierung überbringt, werden immer nach Massgabe und im Verhältnisse der Anzahl der Kanonen, welche dieselben unterstützen, mehr oder minder günstig, mehr oder minder schnell erledigt, ohne dass deshalb das freundschaftliche Einvernehmen auch nur im Geringsten gestört zu sein brauche.

Wir haben oft genug auch in Europa Gelegenheit, uns zu überzeugen, wie viel zum Gelingen einer Sache von einem imponirenden Auftreten abhängt, und wissen im Allgemeinen, dass eine grössere Machtentfaltung, und geschähe sie auch nur bei friedlichen Festgelegenheiten, immer und selbst auf diejenigen, welche genau von den Machtverhältnissen der Staaten unterrichtet sind, einen Eindruck macht, beim Volke aber ist ein solcher Eindruck von nicht leicht zu verwischender Wirkung. Darin liegt vielleicht der grösste Vortheil, welchen der Bestand einer Kriegsmarine in Friedenszeiten dem Staate gewährt, dass die Kriegsschiffe fremde Gebiete besuchen und durch ihr blosses Erscheinen einen Druck auf andere Staaten ohne Störung der sogenannten freundschaftlichen Beziehungen und ohne Hervorrufung formeller Anfragen und Proteste ausüben können.

Der Seehandel bedarf insbesondere für seine Beziehungen zu halbcivilisirten Völkern einer solchen Unterstützung, weil es unerlässlich ist, rechtlichen und tractatmässigen Anforderungen dadurch Nachdruck zu verschaffen, dass sich die Kriegsflagge der handeltreibenden Nation von Zeit zu Zeit an den betreffenden Küsten zeige.

Man erkundige sich bei denjenigen Consuln, die das Handelsinteresse des Staates, welchen sie vertreten, mit wirklichem Eifer zu fördern bestrebt sind, welchen Einfluss auf den Erfolg ihrer Verhandlungen das Erscheinen eines Kriegsschiffes ihrer Flagge ausübt, und man wird leicht die Ueberzeugung gewinnen, dass eine auch im Frieden thätige Kriegsmarine die grösste Bedeutung für den Seeverkehr hat.

In den chinesischen und japanischen Gewässern übt auf den Handel einer durch Verträge oder durch Consularvertretung nicht sichergestellten Nation noch der Umstand einen ungünstigen Einfluss, dass die Angehörigen derjenigen europäischen Staaten, welche, wie die Engländer und Nordamerikaner, gleichsam das Handelsmonopol in jenen Gegenden, de facto, durch eigene Thätigkeit an sich gerissen haben, das Auftauchen einer Concurrenz nur sehr ungern sehen, ihren Concurrenten indirect Schwierigkeiten in den Weg legen, und letztere in den Augen der Eingebornen herabzusetzen suchen. Bremer und hamburger Schiffe empfinden zuweilen diesen Uebelstand, obschon ihre Handelshäuser und ihre Consuln dagegen einwirken; österreichische Schiffe sind aber um so mehr diesen Unannehmlichkeiten ausgesetzt, als dieselben an manchen wichtigen Plätzen nicht einmal einen kaiserlichen Consul, oder wenn auch ein solcher eingesetzt ist, doch nur einen Vertreter finden, welcher eben nur derjenigen Nationalität angehört, deren Tendenzen vielleicht durch seinen Einfluss zu bekämpfen wären, und als in jenen Ländern nicht österreichische Handelshäuser bestehen, wie solche Hamburg und Bremen aufzuweisen hat, die dort, wie in der ganzen Welt, diesen Handelsstädten wenigstens einen merkantilen Einfluss sichern.

Wenn Oesterreich in den transoceanischen Ländern directe Handelsverbindungen unterhalten will, so ist die erste Bedingung hiezu, dass es zum Abschlusse von Handels- und Schiffahrtsverträgen und zwar mit der, wie nachgewiesen ward, hiefür unentbehrlichen Machtentfaltung seiner Kriegsmarine schreite.

Zwei Staatengruppen kommen hiebei zu berücksichtigen, diejenigen Amerikas, welche, obschon sie noch zu keiner Stabilität in Regierungsform und Verwaltung gelangt sind, gleichwohl europäische Institutionen zum

Muster nehmen, und diejenigen Asiens, welche keine Colonien europäischer Staaten, sondern selbstständige Staatencomplexe mit einer von der europäischen verschiedenen Cultur und mit fremdartigen Regierungsgrundsätzen darstellen.

Die Abschliessung von Handels- und Schiffahrts-Verträgen mit den zur amerikanischen Gruppe gehörigen Staaten dürfte einer Schwierigkeit nicht unterliegen, wenn die österreichische Regierung ihr Bestehen anerkennen und mit ihnen als unabhängige Staaten in offiziellen Verkehr treten will, wie dies bereits seit Langem von England, Frankreich u. s. w. geschehen ist. Jedenfalls wäre es der Würde und den Interessen der kaiserlichen Regierung entsprechend, wenn beim Abschlusse solcher Handelsverträge Kriegsschiffe S. M. in den betreffenden Häfen anwesend wären.

In erhöhtem Maasse ist aber eine Machtentfaltung bei der zweiten Gruppe jener Staaten unerlässlich, welche das österreichische Kaiserthum kaum dem Namen nach kennen, von seiner Macht und Stellung nur unvollkommene Begriffe haben, und mit demselben bisher nur in sehr unbedeutenden oder in gar keinen Beziehungen standen.

Zu letzterer Gruppe gehören vor Allem China und Japan, dann Siam und theilweise Cochinchina.

In Japan sind zwar in letzterer Zeit die Handelsbeziehungen zu europäischen Staaten gestört worden, es ist aber vorauszusetzen, dass binnen Kurzem und jedenfalls früher als es im günstigsten Falle zu effectiven Tractats-Verhandlungen zwischen Oesterreich und jenem fernen Lande kommen kann, die jetzigen Wirren beseitigt sein werden.

Abgesehen davon, sind fast alle Nationen Europas mit China und Japan in Handelsbeziehungen auf Grund von Verträgen getreten, haben aber ihren Zweck nur durch die moralische Unterstützung erreicht, welche durch eine ihren Interessen und Kräften angemessene Machtentwicklung bedingt wird. Selbst Preussen, dessen Kriegsmarine kaum im Werden begriffen ist, hat bekanntlich in den letztverflossenen Jahren ein kleines Geschwader, bestehend aus vier Schiffen, welche zu jener Zeit nahezu die ganze preussische Seemacht darstellten, nach China und Japan entsendet, und die Schweiz, welche keine Küsten und keine Marine, aber einen ausgebreiteten Handel besitzt, hat sich veranlasst gesehen, ein holländisches Kriegsschiff zu miethen, um behufs Abschluss eines Handelsvertrages mit Japan ihren Bevollmächtigten in würdiger Weise auftreten zu lassen.

Bei solchen Präcedenzen wäre es für Oesterreich kaum möglich, in Ländern, wo die Dehors und die Aufrechthaltung der Würde in erster Linie beachtet werden müssen, anders zu Werke zu gehen.

2. Die Consular-Vertretung.

Die Wichtigkeit einer entsprechenden Vertretung der Regierung in commercieller und handelspolitischer Beziehung, die Nothwendigkeit der Aufstellung von Organen, welche die Rechte der österreichischen Seefahrer, Handelsleute und Reisenden zu wahren befähigt sind, welche für die Aufrechthaltung der Ordnung und der Gesetze am Bord der anlangenden Kauffahrer sorgen und im Allgemeinen die kaiserlichen Unterthanen schützen und unterstützen, ist längst ausser Zweifel gesetzt, und von so vielen Seiten hervorgehoben worden, dass jede weitere Auseinandersetzung um so mehr als überflüssig erscheint, als die kaiserliche Regierung ohnedies dem Gegenstande ihre volle Aufmerksamkeit zuwendet.

Indem wir den dringenden Wunsch aussprechen, dass recht bald zu der endlichen Regelung des Consularwesens geschritten werde, da jede Verspätung derselben die Entwicklung unseres auswärtigen Handelsverkehrs verhindert, müssen wir vor Allem die Thatsache hervorheben, dass fast in allen auswärtigen ausserhalb des Mittelmeeres gelegenen Häfen wirkliche, d. i. vom Staate besoldete, beamtete österreichische Consuln nicht bestehen, und dass in Ermangelung österreichischer Handelsfirmen zur unentgeltlichen Versehung der Consulardienste Handelsherren bestellt werden, welche fremden Nationalitäten angehören, im Allgemeinen über österreichische Handelsverhältnisse wenig oder gar nicht unterrichtet sind, sich auch nur vorübergehend mit dem Handel Oesterreichs befassen, und selbst bei dem besten Willen nicht in der Lage sind, den österreichischen Interessen vor ihren eigenen einen Vorzug einzuräumen. Es ist unter solchen Umständen nicht zu erwarten, dass der Handel und die Schiffahrt Oesterreichs gehörig geschützt werden, und wären daher in dieser Beziehung umfassende Massregeln zu treffen.

Allerdings kann nicht verlangt werden, dass die kaiserliche Regierung an allen wichtigen transoceanischen Handelsplätzen effective Consuln aufstelle und besolde, es wäre dies auch nicht der jetzigen Entwicklungsphase unseres Handels entsprechend, aber es erscheint dringend nothwendig, dass wenigstens in jeder einzelnen Gruppe der weiten Handelsgebiete ein leitendes und organisirtes Consularamt eingerichtet werde, während für die übrigen Handelshäfen den Honorar-Consuln eine solche Unterstützung gewährt werden müsste, dass sie ihrem Dienste, ohne mit den eigenen Interessen in Conflict zu gerathen, genügen können.

Als Handelsmittelpuncte von Verkehrsgruppen, wo eine effective und jedenfalls nationale österreichische Consularvertretung unerlässlich erscheint, glauben wir folgende bezeichnen zu sollen:

1. Einen – noch näher zu bestimmenden – Hafen der Antillen,
2. Bahia,

3. Rio de Janeiro,
4. Point de Galles auf Ceylon,
5. Singapore,
6. Batavia,
7. Sydney oder Melbourne,
8. (nach abgeschlossenem Handelsvertrage) Shangai in China.

Hiezu kommt noch als Ausgangspunct der transoceanischen Schiffahrt Gibraltar wegen dieser seiner Lage und wegen der beständigen Anwesenheit österreichischer Seeschiffe, welche, wenn sie aus fernen Gewässern in das Mittelmeer einlaufen, dort Bedürfnissen genügen müssen, die durch eine lange Seefahrt hervorgerufen werden.

Ueber die Bedeutung der eben genannten Puncte gibt das Novara-Werk die interessantesten Aufschlüsse, und wollen wir hier nur speciell auf Shangai hinweisen, welcher Handelsplatz, in Folge des täglich steigenden Seiden- und Thee-Exportes, und vermöge seiner Lage an dem mächtigen der Schiffahrt erschlossenen Yangtse-Kiang, inmitten der culturreichsten und ertragfähigsten Gegenden Chinas, wegen der grösseren Nähe der Hauptstadt, und wegen der durch zahlreiche schiffbare Kanäle vermittelten vortrefflichen Verbindungen mit den entlegensten inneren Provinzen, sich in Kurzem zu einem der grössten Märkte der Welt emporschwingen wird. Die Lage Shangai's – welches jetzt schon von österreichischen Handelsschiffen besucht wird – in der Nähe der japanischen Inseln erhöht noch seine Wichtigkeit, Engländer, Nordamerikaner und Norddeutsche haben dort Handels-Etablissements, welche die höchste Beachtung verdienen, da sie die Grundlage zu einer Art Freistadt für civilisirte Völker bilden, an deren Erhaltung alle Staaten Europas und Nordamerikas gleiches Interesse haben.

Da die Errichtung von acht bis neun neuen effectiven Consularämtern des Kostenpunctes halber Schwierigkeiten finden könnte, so glauben wir erinnern zu sollen, dass es mehre Mittel gibt, die Auslagen einer solchen Organisirung geringer zu stellen. So dürfte es keinem Anstande unterliegen, an Orten wo, wie in Rio de Janeiro, eine österreichische diplomatische Vertretung bereits besteht, oder eine solche in Folge der Herstellung officieller Relationen errichtet werden sollte, neben der diplomatischen auch eine Consular-Kanzlei einzurichten, wie dies Preussen thut, dessen in Amerika bestellte Minister-Residenten zugleich als General-Consule fungiren; ferner könnten zu österreichischen Consuln Persönlichkeiten aus der Reihe disponibler, auf Wartegeld gesetzter Consularbeamten, sowie noch rüstige und befähigte pensionirte Stabs- oder Oberofficiere der Kriegsmarine ernannt werden, wodurch dem Staate die bisherigen auf Wartegelder und Ruhegehalte ohne Nutzen verausgabten Beträge zu Gute kämen, endlich würden sich wohl bei Zunahme unserer auswärtigen Verbindungen auch einzelne österr. Kaufleute an einem oder dem andern der bezeichneten Hauptpuncte etabliren, welchen die Führung der Consulatsgeschäfte gegen Entgelt der Kanzleiauslagen bis zum Zeitpuncte, wo die Regierung zur definitiven Besetzung des Postens zu schreiten vermag, mit Beruhigung anvertraut werden könnte. Wenn auch nicht Alles auf einmal geschehen kann, so ist doch schon viel gewonnen, wenn der Anfang einer nationalen Vertretung gemacht wird.

Was diejenigen Hafenorte betrifft, wo auch fortan Honorar-Consuln bestehen sollen, so ist im Auge zu behalten, dass dieselben im Allgemeinen nur aus der Classe angesehener Handelsherren genommen werden können, welche der Leitung ihrer eigenen Geschäfte ihre Zeit und Aufmerksamkeit zuwenden müssen, und den Consulardienst nur nebenbei aus Gefälligkeit besorgen.

Es erscheint daher passend, dass in den für den österreichischen Seeverkehr wichtigern Häfen den betreffenden Honorarconsuln je ein Consulareleve beigegeben würde, welcher, von der kaiserlichen Regierung angestellt, die materiellen Consulatsgeschäfte unter der Leitung des Honorarfunctionärs versehen würde.

Durch die Entsendung von Consular-Eleven würde der Staat für den praktischen Consulatsdienst junge Leute heranbilden, welche mit der grossen Handelsbewegung der mächtigsten Nationen der Erde, mit der Productionskraft, der Ein- und Ausfuhr und den Bedürfnissen der wichtigsten, von unserer Industrie und unserm Handel noch viel zu wenig gewürdigten Länder und Völker bekannt würden, und binnen Kurzem dürften aus dieser, den Gesichtskreis erweiternden, die Thatkraft stählenden Pflanzschule Männer hervorgehen, wie sie der Consulardienst und die Leitung der Handelsschiffahrt so dringend benöthigen.

Die Verwendung von Consular-Eleven wäre nur eine Erweiterung des schon für die österreichischen Consulate in der Levante bestehenden Systems und ist in Analogie mit einer bei den Honorar-General-Consulaten von Paris und London seit Langem eingeführten und bewährten Einrichtung, nur dass diesen beiden General-Consulaten ihrer besonderen Wichtigkeit halber Consularbeamte höheren Ranges beigegeben sind.

Jedenfalls würde durch diese Massregel der Consulardienst bei den überseeischen Honorar-Consuln ausserordentlich an Regelmässigkeit und Nachhaltigkeit gewinnen, und dieselben würden dadurch in den Stand gesetzt werden, gediegene, auf unsere inländischen Productions-, Handels- und Schiffahrts-Zustände reflectirende Handelsberichte zu erstatten und dem einheimischen Handelspublicum die dortigen Verkehrsverhältnisse klar zu machen.

3. Specielle Erhebungen und Studien behufs Anknüpfung von Handelsverbindungen.

Mit dem Abschlusse von Handelsverträgen und mit Regelung des Consularwesens werden zwar die unerlässlichen Vorbedingungen eines regelmässigen und vortheilhaften überseeischen Verkehrs erfüllt, derselbe wird ermöglicht, aber noch nicht verwirklicht, der Handel muss erst durch Selbstthätigkeit geschaffen werden. Nun haben wir bereits im ersten Abschnitte hervorgehoben, dass dies eben keine leichte Sache sei, und dass besonders die Auswahl der ersten Operationspuncte und der ersten Operationsobjecte mit besonderem Tacte und besonderer Umsicht getroffen werden müsse.

Sehr viele und wichtige Anhaltspuncte hiefür geben in dieser Beziehung die Relationen der Novara-Expedition, deren commerzielle Bedeutsamkeit als Anbahnung des Verständnisses wir nicht hoch genug veranschlagen können, aber das Feld ist so unermesslich, und die Gefahr, Missgriffe zu begehen, so gross, dass noch immer ein sehr eindringliches Studium der Detailfragen erforderlich bleibt.

Wir beschränken uns darauf, hier nur die Hauptpuncte zu bezeichnen:

a) Das System, an überseeischen Handelsplätzen Einkäufe für österreichische Rechnung durch dortige, einer fremden Nationalität angehörige, Agenten oder Handlungshäuser bewerkstelligen zu lassen, oder gar österreichische Industrie-Erzeugnisse solchen fremden Häusern im Commissionswege zum Absatze zu übergeben, ist unbedingt verwerflich und kann nur zu Verlusten und Enttäuschungen führen. Der einzige Weg, im überseeischen Verkehr festen Fuss zu fassen und sich solide Absatzmärkte zu schaffen, welchen auch Hanseaten, Norddeutsche, Schweizer und Belgier mit bestem Erfolge eingeschlagen haben, ist die Gründung nationaler Handels-Etablissements, welche entweder Filialen einheimischer Firmen oder auch selbstständige Unternehmungen sein können, immer aber, wenn sie wirklichen Nutzen stiften sollen, mit dem Mutterlande im Zusammenhang und in Geschäftsverbindung bleiben müssen.

Es wird sich nun darum handeln, die auswärtigen Handelsorte, wo mit grösster Aussicht auf Erfolg solche Etablissements errichtet werden können, die Geschäftsgattungen, welchen sie zunächst ihre Thätigkeit zuzuwenden haben, die hiebei zu beobachtenden Vorsichten und Handelsvortheile durch an Ort und Stelle von vollkommen fachkundigen, mit den einheimischen Verkehrs- und Industriezuständen ganz vertrauten Persönlichkeiten vorzunehmende Erhebungen ermitteln zu lassen.

b) In Bezug auf den Absatz österreichischer Industrie-Erzeugnisse darf man sich von der Errichtung sogenannter Bazars, in welchen auf

Gerathewohl zusammengestellte österreichische Waaren an fremden Plätzen zum Verkaufe gebracht werden, nicht viel Erfolg versprechen, so wie man auch nicht auf nach hierlands üblichen Mustern zu machende Bestellungen rechnen kann, wenn man nicht Waaren und Muster sorgfältig nach der dortigen Nachfrage auswählt.

Die österreichische Industrie darf überhaupt nicht erwarten, dass sie den Ueberschuss oder gar den Ausschuss ihrer jetzigen Erzeugung auf überseeische Märkte werfen könne, sie wird sich vielmehr einen auswärtigen Absatz nur dann erobern, wenn sie im Stande ist, Waaren, welche in jenen fernen Gegenden gangbar sind, und von Engländern, Schweizern, Belgiern u. s. w. geliefert werden, zu wenigstens gleichem Preise und in gleicher Qualität herzustellen. In Südamerika wie in Ostasien hängt es oft von einem kleinen Unterschiede in der Farbe oder im Ellenmaasse, oder von der Verpackung ab, um eine sonst ganz preiswürdige Waare völlig unverkäuflich zu machen. Je näher die österreichische Industrie sich mit den Anforderungen der überseeischen Consumtionsorte vertraut machen wird, desto mehr wird sie ihre Production denselben anpassen und mit Erfolg für den auswärtigen Absatz arbeiten können.

c) Mit dem Waarengeschäfte geht das Geld- und Wechselgeschäft in Rimesse, Deckung und Arbitrage Hand in Hand. Es wird eine wesentliche Aufgabe sein, dieses letztere Geschäft auf den auswärtigen Plätzen in allen seinen Verzweigungen und Eigenthümlichkeiten zu verfolgen, um dem beginnenden österreichischen Seehandel auch in dieser Beziehung die grossen Vortheile möglichst directer Verbindungen zuwenden zu können.

d) Bei dem grossen Vorsprunge, welchen im Seeverkehre andere Nationen vor uns gewonnen haben, werden isolirte Anstrengungen vereinzelter Individuen, wenn sie auch vom günstigen Erfolge begleitet sind, nur sehr langsam ihre Wirkung auf Hebung des Nationalwohlstandes und auf Belebung der inländischen Erzeugung äussern können. Von der Errichtung von Handelscompagnien mit monopolistischen Privilegien, von der Einführung von Differenzialzöllen, Aussetzung von Prämien u. dgl. kann nach dem heutigen Stande der Volkswirtschaftslehre keine Rede sein; die Gründung einer Colonie könnte im günstigsten Falle nur im bescheidensten Maasse als Schiffahrtsstation und Depot in Betracht kommen; es bleibt aber noch ein ausgiebiges Mittel, dem auswärtigen Verkehre eines Staates rasch eine grössere Entwickelung zu geben: die Errichtung überseeischer, besonders auf den Gütertransport berechneter Dampfschiffahrtslinien. Durch eine solche zweckentsprechend organisirte Dampfschiffahrtslinie wird das Mutterland mit einer ganzen Gruppe von Handelsgebieten in unmittelbare und regelmässige Verbindung gesetzt, jede einzelne Station, jede Agentur bildet gleichsam eine Factorei, einen Mittelpunct, an welchen sich der eigentliche Verkehr ansetzt, von wo er sich in das Innere allmälig verbreitet, wo er seine Local-Erfahrungen, seine Schule macht.

Indem wir auf dasjenige verweisen, was in dieser Beziehung von anderen Seestaaten bereits geleistet wird, glauben wir, erinnern zu sollen, dass auch in Oesterreich die Elemente hiefür vorhanden sind. Wir besitzen im Oesterreichischen Lloyd eine Dampfschiffahrts-Gesellschaft, welche ihre Lehrzeit hinter sich hat, trotz mannigfacher Missgriffe und Irrthümer die schlimmsten Krisen zu bestehen wusste und die Bedingungen einer grossen Entwicklungsfähigkeit in sich trägt. Wir haben auch an grossartigen Privatwerften Etablissements, welche gerade in neuester Zeit glänzende Proben ihrer Leistungsfähigkeit und des österreichischen Unternehmungsgeistes abgelegt haben. Man hat sich auch in Oesterreich letztens vielfach und ernstlich mit der Idee der Herstellung directer überseeischer Dampfschiffahrtsverbindungen beschäftigt, und es ist ein bestimmt formulirtes Project zur Gründung einer transatlantischen Dampfschiffahrts-Gesellschaft für den bisher so schwer vermissten directen Verkehr mit Central- und Südamerika, insbesondere mit den Antillen und Brasilien, vielfach in den Tagesblättern besprochen worden.

Auch die Herstellung einer österreichischen Dampfschiffahrts-Unternehmung im rothen Meere, den indischen und chinesischen Gewässern ist bereits in's Auge gefasst worden, und wir hatten Gelegenheit, von einem diesfällig verfassten, noch nicht in die Oeffentlichkeit gebrachten, sorgfältig ausgearbeiteten Projecte Einsicht zu nehmen.

Wir enthalten uns um so mehr des Eingehens in die Details, da wir der Ansicht sind, dass diese Fragen, insbesondere bezüglich des transegyptischen Dampfschiffahrts-Projectes, noch der eindringlichsten Erhebungen und Studien bedürfen, können aber in Hinblick auf die grossen von einer solchen Unternehmung zu erwartenden Vortheile, sowie wegen der uns auch auf diesem Gebiete bedrohenden italienischen Concurrenz nicht lebhaft genug den Wunsch und die Hoffnung ausdrücken, dass diese Erhebungen so bald und so gründlich als möglich stattfinden.

Um alle vorgehend besprochenen, die Hebung des auswärtigen Verkehrs bezweckenden Vorkehrungen und Massregeln in kürzester Zeit in's Werk setzen und in dieselben System und Zusammenhang bringen zu können, gibt es nur ein Mittel, die Veranstaltung einer österreichischen maritimen Expedition nach den überseeischen Handelsgebieten.

Wir haben schon oben dargethan, dass zum Behufe der Abschliessung von Handels- und Schiffahrtsverträgen mit nicht europäischen Staaten eine angemessene Machtentfaltung der Marine geradezu unerlässlich ist, und glauben, nicht erst nachweisen zu müssen, dass, wenn zu diesem Zwecke die Abordnung von österreichischen Kriegsschiffen statt findet, mittelst dieser Expedition auch die Regelung des österreichischen Consularwesens, so wie der ganze Complex der, in commerzieller und handelspolitischer Richtung, nach erforderlichen Erhebungen und Studien am besten vorgenommen werden kann.

Wir glauben daher dringend empfehlen zu sollen, dass Oesterreich sobald als möglich ein Geschwader ausrüste und sowohl nach den chinesischen und japanischen, als nach den südamerikanischen Gewässern absende, welches mit Rücksicht auf die eigene Grossmachtstellung und auf die Präcedenzen anderer Staaten mindestens

aus zwei Propeller-Fregatten,

einer » Corvette,

einem » Schooner und

einem Transportschiff (womöglich mit Auxiliar-Dampfkraft) zu bestehen hätte. In jedem Falle sollte die Gesammtstärke des Geschwaders 70 bis 80 Kanonen und an 1000 Mann betragen.

Die verschiedene Grösse und Tauchung der Schiffe wäre den in vielen Fällen seichten Gewässern und dem zu erreichenden Zwecke anzupassen.

Ueberdies dürfte Folgendes zu beachten sein:

1. Müsste die Expedition von einem erfahrenen und umsichtigen Admiral, der entsprechende Kenntnisse und Fähigkeiten gepaart mit Thatkraft und Ausdauer besitzt, befehligt werden. Demselben würde die Führung und Leitung des Geschwaders, die Repräsentation oder Vertretung des Kaiserstaates, dann die Mitwirkung an den Verhandlungen und die Aufgabe zu übertragen sein, mit allen ihm zu Gebote stehenden Mitteln und Kräften alle beabsichtigten Expeditionszwecke zu fördern.

2. Wäre ein Bevollmächtigter mit einem entsprechenden Personale einzuschiffen, dem die Führung der Verhandlungen im steten Einvernehmen mit dem Geschwader-Commandanten anvertraut würde.

Im Falle als dieser Letztere mit der Abschliessung der Handels- und Schiffahrtsverträge von S. M. dem Kaiser beauftragt wäre, entfiele zwar die Absendung eines eigenen Bevollmächtigten, aber es würde nothwendig sein, diesem Commandanten einen höheren diplomatischen Beamten mit entsprechendem Personale beizugeben.

3. Der Umfang der Verrichtungen, welche der Expedition bezüglich der Organisirung des österreichischen Consularwesens in überseeischen Ländern zuständen, würde davon abhängen, wie weit die erforderlichen Vorarbeiten

im Zeitpuncte des Abganges der Expedition bei den betreffenden Ministerien gediehen sein werden. Im Allgemeinen sei nur zu bemerken, dass dem Expeditionsleiter in dieser Beziehung die möglichst umfassenden Befugnisse eingeräumt werden sollten, da sich an Ort und Stelle das wahre Bedürfniss am besten erkennen lässt und es vortheilhaft erscheint, wenn die Einführung und Installirung neuer Consularfunctionäre in Gegenwart und unter Intervenirung kais. Kriegsschiffe vorgenommen wird. Es wird hiedurch nicht nur, besonders bei halbbarbarischen Völkern der unmittelbare Eindruck eines solchen Actes erhöht, sondern der Wirksamkeit des Consuls auch für späterhin Ansehen und Erfolg verbürgt.

Es versteht sich von selbst, dass die kais. Kriegsschiffe die Consular-Eleven, falls der diesfällige Vorschlag zur Ausführung gelangen sollte, an Ort und Stelle zu bringen hätten.

4. Der Expedition wären Fachmänner beizugeben, welche, im Auftrage der Regierung, nach einer sorgfältig auszuarbeitenden Instruction, die vorangehend besprochenen Detailstudien und Vorerhebungen zu pflegen haben, auf deren Grundlage sodann die weitere Entwicklung des auswärtigen österreichischen Seeverkehrs erfolgen soll. In diese Fachmänner-Commission, welche nur aus einer beschränkten Anzahl von Individuen bestehen dürfte, gehören Männer, welche mit den Zuständen der österreichischen Industrie und Urproduction, mit den Erzeugungsmodalitäten, Kosten- und Vertriebsspesen vollkommen vertraut sind, zugleich auch das Ganze des Import- und Exportgeschäftes, sowie das Credit- und Bankwesen gründlich kennen, wo möglich durch eigene Anschauung in die Verhältnisse der grossen westeuropäischen Industrie eingeweiht sind, den allgemeinen Gang des Welthandels aufzufassen vermögen, und mit diesen Eigenschaften den richtigen Blick und die Befähigung verbinden, in jedem concreten Falle die gehörige Nutzanwendung für die einheimischen Belange zu machen.

Von der richtigen Auswahl dieser Fachmänner wird zum grossen Theile der praktische Erfolg der Mission in commerzieller und handelspolitischer Beziehung abhängen.

Selbstverständlich würde die Fachmännercommission schon der äusseren Ordnung halber und wegen Einhaltung der bei weiten Seefahrten so wichtigen Zeiteintheilung, der Leitung des Geschwader-Commandanten unterstehen, und ihre Geschäfte im Einvernehmen mit demselben vorzunehmen haben. Sie hätte häufig und von allen bedeutenderen Orten Berichte einzusenden, welche sogleich durch den Druck zu veröffentlichen und zur Kenntniss der Handelskammern und der commerziellen und industriellen Genossenschaften und Institute zu bringen wären.

Es würde nebstbei von grossem Nutzen sein, wenn einzelnen vortheilhaft bekannten österreichischen Kaufleuten gestattet würde, diese Expedition zu benützen, um sich nach einem oder dem andern Hafenplatze zu Handelszwecken zu begeben oder dort niederzulassen. Ueberhaupt wäre die Errichtung österreichischer Handelshäuser im Bereiche des grossen äusseren Handels in jeder Weise zu fördern und zu unterstützen.

5. Wenngleich bei einer Expedition, wie die hier vorgeschlagene, die Verfolgung von handelspolitischen Zwecken die Hauptsache ist, so liegt doch in den glänzenden scientifischen Resultaten der Novarafahrt eine Aufforderung, die neue günstige Gelegenheit auch im Interesse der Wissenschaft im Allgemeinen, und insbesondere zur Erweiterung der Kenntnisse der physischen Geographie des Meeres, sowie zur Ausbildung unserer kleinen aber gewiss tüchtigen Marine zu benützen.

Wenn auch letztere nicht grosse Erfolge im Kriege gegen bedeutendere Seemächte zu erwarten befähigt ist, so soll sie doch mindestens durch ihr Wissen und durch den Nutzen glänzen, welchen sie der Civilisation zu bringen vermag.

6. Bei Beantwortung der Frage, welche Hafenplätze von der Expedition besucht werden sollen, kämen in erster Reihe diejenigen Orte zu berücksichtigen, in welchen die Verhandlungen behufs Abschliessung der Handels- und Schiffahrtsverträge vor sich gehen sollen und wo je nach der Sachlage die Unterstützung der Negotiation durch das ganze Geschwader oder einen Theil desselben einzutreten haben wird.

Ob auch mit Japan ein solcher Vertrag verhandelt werden solle, wird wohl zunächst von dem Stande der Dinge abhängen, welchen das Geschwader zur Zeit seines Eintreffens in den chinesischen Gewässern vorfinden wird; aller Voraussetzung nach wird inzwischen die europäische Ueberlegenheit sich abermals auch dort bewährt haben, und vielleicht ist gerade dann der Moment sehr günstig, der österreichischen Flagge in Japan die gleichen Rechte mit den andern europäischen Nationen zu verschaffen.

Vom commerziellen Standpuncte aus erscheint es sehr wünschenswerth, dass die Expedition in allen jenen Handelsplätzen erscheine, welche bereits in den Jahren 1857 bis 1859 von der »Novara« besucht worden waren.

Hiedurch würde auf Grund der von der »Novara« gesammelten höchst werthvollen handelsstatistischen Daten fortgebaut, die Fachmännercommission würde sich auf einem bereits bekannteren Terrain bewegen, und könnte, da es sich nur um Vervollständigungen und Nutzanwendungen handelt, ohne Zeitverlust in Specialstudien eingehen.

Ausserdem wären noch jene Puncte nachzuholen, deren Aufsuchung in dem ursprünglichen Reiseplane der »Novara« gelegen war, aber nicht zur

Ausführung gelangte, da die »Novara« ihre Reise der Zeitereignisse wegen abzubrechen gezwungen wurde; endlich können wir, im Hinblick auf die Eventualität der Eröffnung des Suezkanals und wegen der Dampfschiffahrtsfrage, die Vornahme einer gründlichen nautisch-commerziellen Erforschung des rothen Meeres und seiner hauptsächlichen Küstenpuncte und Handelsplätze, sowie überhaupt der Handelsstrasse Suez-Bombay allenfalls durch ein einzelnes von dem Geschwader abzuordnendes Kriegsschiff nicht angelegentlich genug empfehlen.

Mit Rücksicht auf diese Anforderungen des Handels, zu welchen sich noch jene der Wissenschaft gesellen, wären folgende und zwar die interessantesten Handelshäfen der Erde, welche nicht im Bereiche des gewöhnlichen europäischen und nordamerikanischen Zwischenverkehrs liegen, hervorzuheben.

Die Capstadt, Mauritius, Suez, Aden, Bombay, Ceylon, Madras, Calcutta, Singapore, Java und die holländischen Niederlassungen überhaupt, Manilla, Hongkong, Shanghai, die japanischen Inseln, Sydney, Melbourne, Aukland, Wellington, Taiti, Hawaii oder die Sandwichsinseln, Californien, Peru, Chili, Buenos Ayres und Montevideo, Rio de Janeiro, Bahia.

Wir sind indessen nicht der Ansicht, dass sämmtliche hier angeführte Puncte in dieser Reise um die Erde von allen Schiffen des Geschwaders gleichzeitig besucht werden sollen, sondern glauben, dass es dem Commandanten zu überlassen wäre, die einzelnen Schiffe so zu verwenden, dass dem Zwecke in der kürzesten Zeit und mit der grössten Oekonomie entsprochen werden könnte.

Durch eine umsichtige Vertheilung der Kräfte würde es auch möglich sein, einzelne für die Wissenschaft oder für die Schiffahrt wichtige Inseln oder Küstenpuncte, die hier nicht angeführt wurden, zu berücksichtigen. Wir erwähnen hier nur der Nikobaren-Inseln, auf welche schon Kaiserin Maria Theresia die Aufmerksamkeit gerichtet hatte, und welche immer wieder in Frage kommen werden, wenn es sich im Falle einer grösseren Entwicklung des österreichischen überseeischen Verkehrs, namentlich wenn der Suezkanal eröffnet wird, um die Errichtung einer vortheilhaft gelegenen österreichischen Schiffsstation, eines österreichischen Centraldepots oder auch Anlegung einer österreichischen Verbrecher-Colonie handeln wird. Indem wir hinsichtlich der Nikobaren auf die ebenso interessante als erschöpfende Relation der Novara-Expedition[C] verweisen, können wir hier nur den Wunsch ausdrücken, dass die neue Expedition die Vorstudien und Erhebungen ihrer Vorgängerin fortsetzen und insbesondere die Insel Grossnikobar genau untersuchen möge.

[C]: Reise der »Novara« um die Erde II. Band. Die nikobarischen Inseln, Seite 1 bis 96.

Die hier in Antrag gebrachte Expedition würde, so wie wir dies zu beurtheilen vermögen, höchstens zwei Jahre zur Ausführung ihrer Aufgabe bedürfen und bei drei Millionen Gulden in Anspruch nehmen.

In dieser Summe sind die Auslagen für die Fachmännercommission, für Naturforscher und deren wissenschaftlichen Apparat, für den Bevollmächtigten der kais. Regierung sammt Personale, endlich für Geschenke, welche dem Gebrauche gemäss den japanischen Regierungsorganen gemacht werden müssen, inbegriffen.

Eine genauere Berechnung der Detailauslagen zu geben, sind wir aus leicht erklärlichen Gründen nicht in der Lage, dieselbe hätte in erster Linie von der kais. Kriegsmarine festgestellt zu werden. Gleichwohl glauben wir, dass drei Millionen Gulden vollkommen genügen würden, nachdem zufolge der veröffentlichten Ausweise die Gesammtkosten der Novara-Expedition mit Hinzurechnung der Auslagen für die Naturforscher, für die Ankäufe und für die Schiffsausbesserungen sich nicht höher als auf eine halbe Million Gulden beliefen.

Bedenkt man nun, dass S. M. Kriegsmarine während der zwei für die beantragte Expedition berechneten Jahre keine weitern Uebungsschiffe in unserem Meere auszurüsten braucht, jedenfalls die Schiffe der Expedition vorhanden sind, und auch in den heimatlichen Gewässern in gutem Stande erhalten werden müssten, so glauben wir annehmen zu dürfen, dass die auf zwei Jahre sich vertheilende Mehrauslage, welche die Expedition hervorrufen würde, kaum anderthalb Millionen Gulden betragen kann, wobei natürlich vorausgesetzt wird, dass die ausgesendeten Schiffe in der Regel mit Segel fahren und nur dann die Dampfkraft benützen sollen, wenn die Umstände die Anwendung der letzteren nothwendig machen, oder wo die dadurch ersparte Zeit die vermehrten Auslagen aufwiegt.

Wir haben bisher der Aussendung einer maritimen Expedition vom commerziellen Standpuncte das Wort geredet, erlauben uns aber auch anzudeuten, dass durch die Entsendung eines Geschwaders in ferne Gewässer der kaiserlichen Flagge jene Achtung und Beachtung verschafft wird, welche der Grösse, Macht und Würde des Kaiserthums entspricht und deren wir leider noch an vielen Puncten der Erde entbehren. Die Verleumdungen, ja unsinnigen Behauptungen, welche auch im fernsten Auslande gegen Oesterreich ausgestreut werden, und von Gegnern ausgehen, deren Trachten es ist, das Kaiserreich allerwärts in der öffentlichen Meinung herabzusetzen und zu verunglimpfen, können nur durch factische Beweise der Macht und des Culturlebens, wie sie Kriegsschiffe zu geben vermögen, entkräftet werden.

Endlich dürfte es gestattet sein, ohne der Beurtheilung maritimer Autoritäten vorzugreifen, auf den Nutzen hinzuweisen, welchen S. M.

Kriegsmarine von einer derartigen Expedition erwarten kann, indem bei dieser Gelegenheit eine grössere Anzahl von Officieren, Cadetten und Mannschaften in kürzerer Zeit ausgebildet würde, als es unter gewöhnlichen Verhältnissen der Fall sein könnte.

Dass aber die Kräftigung und Entwicklung der Kriegsmarine ein Bedürfniss sei, kann, mindestens an der Küste und von Seite unserer Handelsschiffahrt, nicht bezweifelt werden. Die Vergrösserung und Verwerthung der kais. Kriegsmarine ist nothwendig, im Kriege zur Vertheidigung der Küsten, im Frieden zur Sicherung des Seehandels, wenn Verkehr und Schiffahrt mit Zuversicht und Vertrauen auf den Schutz der Regierung sich frei bewegen, und wenn die Interessen des Staates und seiner Angehörigen auch in entfernten Meeren, wo immer die österreichische Flagge weht, gewahrt werden sollen.

Das Jahr 1848 ist nicht vergessen, in welchem die winzige Flotte eines kleinen Staates das adriatische Meer beherrschte, unsere Küste blockirte, ja, vor Triest geankert, unsern Handel vernichtete, und mit Besorgniss denkt man an die Möglichkeit der Wiederholung ähnlicher Verkehrshemmnisse. Der letzte Krieg hat uns an der Küste überdies den Beweis geliefert, dass es ohne entsprechende maritime Kräfte nicht möglich ist, unsere, wenngleich zur Genüge befestigte Küste zu vertheidigen, weil Schiffen wieder Schiffe entgegengesetzt werden müssen, und maritime Angriffe eine maritime Vertheidigung erheischen.

Zwar hat die kais. Regierung in letzter Zeit eine Vermehrung der Kriegsmarine angestrebt, durch welche eine Vertheidigung der Küsten bezweckt wird; wir sind für diese Schritte dankbar, und können nur wünschen, dass sie auch im Binnenlande mit voller Ruhe und Unparteilichkeit nach ihrer ganzen Tragweite gewürdigt werden mögen, aber abgesehen davon, dass diese nur für den Krieg an den eigenen Küsten berechneten Massregeln noch unvollständig sind, so lassen sie noch den andern bisher noch wenig besprochenen Hauptzweck der Kriegsmarine unberührt: ihre Leistungsfähigkeit im Frieden zur Unterstützung und zum Schutze des nationalen Seehandels.

In früheren Zeiten hatte man dieser letzteren Aufgabe unserer Kriegsmarine für das Mittelmeer, auf welches unser Seehandel grossentheils beschränkt war, genügende Aufmerksamkeit geschenkt; österreichische Kriegsschiffe befanden sich an den wichtigsten Puncten der Levante und befuhren den Archipel und den adriatischen Golf zur Aufrechthaltung unserer tractatmässigen Rechte und zum Schutze unserer Kauffahrer gegen Raub und Beschädigung.

Mit dem Jahre 1848 und mit der Errichtung einer Kriegsmarine auf anderen Grundlagen scheint aber diese Aufgabe von derjenigen in den

Hintergrund gedrängt zu sein, welche der Vertheidigung der österreichischen Küsten zugewendet ist, die Gemüther beschäftigten sich in Oesterreich allenthalben mehr mit der Kriegsfrage, als mit jener des Handels, welcher auf der See wenig Berücksichtigung erfuhr.

Mittlerweile nahm unsere Handelsschiffahrt andere Wege, sie fand im Mittelmeere nicht mehr hinlängliche Beschäftigung und wandte sich, Dank insbesondere den Fortschritten unserer Schiffswerften, immer mehr dem Ocean zu. Bereits besuchen unsere Kauffahrer, wie schon erwähnt, Indien und China, und werden dies künftig, wenn unsere Vorschläge zur Ausführung kommen, noch weit mehr thun.

In dem Maasse aber, wie sich das Seegebiet unserer Handelsmarine erweiterte, beschränkte die kais. Kriegsmarine immer mehr ihre Thätigkeit in auswärtigen Gewässern, und wenn sich ausnahmsweise kais. Schiffe oder Schiffsabtheilungen im Auslande zeigen, so wird deren Sendung eben nur durch politische Verhältnisse hervorgerufen, und nimmt auf den Handel keinen oder nur einen vorübergehenden Bezug.

Nun haben wir bereits nachgewiesen, wie nothwendig die Intervenirung der Kriegsmarine zur Anknüpfung überseeischer Handelsverbindungen sei, und dass ohne eine entsprechende maritime Machtentfaltung nicht einmal der positive internationale Rechtsboden für unseren Seehandel erlangt werden könne; wir müssen aber noch beifügen, dass auch in der Folge, wenn sich der auswärtige Verkehr ausgebildet haben wird, es unerlässlich bleiben werde, dass Schiffe der kais. Kriegsmarine die von österreichischen Kauffahrern besuchten Häfen von Zeit zu Zeit anlaufen, dass Schiffs-Stationen an den wichtigsten Puncten und besonders dort aufrecht erhalten werden, wo ungeregelte Landeszustände Störungen der völkerrechtlichen oder tractatmässigen Beziehungen besorgen lassen, und dass endlich Meere, welche der Handelsschiffahrt nicht hinreichende Sicherheit bieten, von Schiffen der kais. Kriegsmarine befahren werden.

Wir glauben einer solchen Unterstützung einen um so grösseren Werth beilegen zu sollen, als die österreichische Kriegsmarine, so lange die preussische sich nicht entwickelt, in Deutschland die einzige Seemacht darstellt, welche auch ausserhalb der europäischen Grenzen den deutschen Standpunct in praktischer Weise durch einen den auswärts angesiedelten Deutschen gewährten Schutz vertreten könnte.

In dieser Beziehung hat S. M. Fregatte »Novara« bereits eine günstige Erfahrung gemacht, als sie Puncte berührte, an welchen grössere Etablissements deutscher Nationalität bestehen. Das freudige Entgegenkommen dieser an den entferntesten Küsten wohnenden Deutschen, der Empfang, welcher von ihrer Seite den Mitgliedern der Expedition zu Theil geworden, ja der Enthusiasmus, mit welchem die österreichische Flagge als deutsche Flagge begrüsst ward, haben deutlich bewiesen, welchen Werth die Deutschen im Auslande auf das Erscheinen eines Kriegsschiffes legten, welches sie als eine Vertretung ihres Gesammtvaterlandes betrachteten. Wir glauben nicht zu irren, wenn wir behaupten, dass der grösste Theil Deutschlands mit wahrer Befriedigung einer Massregel entgegen sehen würde, welche von einer deutschen Macht ausgehend, den Schutz deutscher Interessen bezweckt und mindestens im Auslande eine Einigung auf praktischen Feldern, die noch immer zu den Wünschen des deutschen Volkes gezählt wird, anbahnen würde.

Hiedurch würde die grossartige Initiative, welche S. M. der Kaiser in Frankfurt ergriffen hat, in ihrer weitern Wirkung durch Sympathien unterstützt, welche von Aussen kommend, in das Herz jedes Deutschen, dem sein Vaterland lieb ist, dringen müssen.

Indem wir mit diesen Vorschlägen hervortreten, welche sich zunächst in dem Antrag auf möglichst baldige Entsendung einer maritimen Expedition nach den transoceanischen Handelsgebieten concentriren, machen wir uns auf zwei Einwendungen gefasst: dass es in den gegenwärtigen Zeiten bedenklich sei, die maritime Vertheidigungskraft der eigenen Küstengebiete durch die Abordnung einer Anzahl Kriegsschiffe in ferne Gewässer namhaft zu schwächen, und dann, dass unsern bedrängten Finanzen der Kostenaufwand einer solchen weitaussehenden Unternehmung nicht aufgebürdet werden könne.

In ersterer Beziehung ist es allerdings richtig, dass die Opportunität des Zeitpunctes der Expedition von politischen Erwägungen abhänge, in welche einzugehen wir nicht berufen sind; es wird aber die Bemerkung gestattet sein, dass sich als ein ernstliches Hemmniss doch nur der Eintritt einer wirklichen concreten Kriegsgefahr darstellen dürfte, welche mit dem Zustande politischer Unbehaglichkeit und Spannung, der leider in Europa seit Jahren chronisch geworden ist, wohl nicht zu verwechseln ist. Wollte man eine völlige Klärung des politischen Horizontes abwarten, so würde die jetzige Generation die active Theilnahme Oesterreichs am Welthandel schwerlich erleben.

Was die Frage des Kostenpunctes betrifft, so wissen wir Küstenbewohner, die wir unter den Valuta-Calamitäten am meisten gelitten haben und noch leiden, den hohen Werth der Sparsamkeit, welche in allen Zweigen des Staatshaushaltes zum obersten Grundsatz erhoben ist, gewiss am besten zu schätzen. Wir sehen, dass die laufenden Ausgaben auf ein Minimum reducirt werden, unter welches ohne ernstliche Gefährdung für die äussere Machtstellung und den inneren Organismus des Staates nicht herabgegangen werden darf, und dass die Bedeckung der dergestalt reducirten Ausgaben ein

Maximum der Anspannung der Steuerkraft erfordert, welches die Grenze der Steuerfähigkeit bereits erreicht hat.

Gerade aber darin, dass das gegenwärtige Nationalvermögen den unabweislichen Anforderungen des Staatshaushaltes nur mit grösster Mühe und doch nur unvollkommen zu genügen vermag, scheint uns die dringendste Aufforderung zu liegen, die Nationalproduction im weitesten Sinne zu vermehren, und wir glauben, dass dies am schnellsten und wirksamsten durch die Hebung und Belebung unseres auswärtigen Verkehres geschehen könne.

Werden unsere Vorschläge in diesem Sinne aufgefasst, und wird die von uns beantragte maritime Expedition als das geeignetste Mittel für die Realisirung derselben erkannt, so werden nach unserer festen Ueberzeugung die kais. Regierung und die Reichsvertretung den hiefür erforderlichen einmaligen, und sich auf zwei Jahre vertheilenden, Aufwand von 1½ Million Gulden als eine eminent productive Vorauslage betrachten, welche der Urproduction und Industrie, dem Handel und der Rhederei, der Seeküste und dem Binnenlande, der Kriegsmarine und der äusseren Machtstellung der Monarchie zu Gute kommen wird und somit in den wichtigsten Interessen ihre Begründung und Rechtfertigung findet.

Triest im November 1863.

P. Revoltella.

Klun & Lange, Industrie- und Handelsatlas.

PROSPECTUS.

ATLAS
zur
Industrie- und Handelsgeographie.

Für commercielle und technische Lehranstalten, für Kaufleute und Industrielle.

Mit erläuterndem Text

von

Dr. V. F. Klun
Professor der Geographie und Statistik an der Handelsakademie, Docent an d. k. k. Universität in Wien

und

Dr. Henry Lange
Secretär des Vereins von Freunden der Erdkunde in Leipzig.

Das industrielle und commercielle Leben hat in den letzten Decennien einen grossartigen Aufschwung genommen. Theorie und Praxis gehen Hand in Hand; Real-, Industrial- und Handelsschulen, verschiedene Arten Special-Fachschulen und technische Lehranstalten mehren sich in Deutschland, Oesterreich, in der Schweiz, – in fast allen Staaten wendet man dieser Art Schulen eine besondere Aufmerksamkeit zu; denn die Erkenntniss bricht sich immer mehr Bahn, dass Industrie und Handel zu den wichtigsten Hebeln staatlichen Aufschwunges gehören.

Unter den Disciplinen dieser Lehranstalten nimmt die Industrie- und Handelsgeographie mit Recht einen hervorragenden Platz ein. Die Beschreibung der Erdoberfläche im Allgemeinen und in ihren Theilen, insofern diese als Schauplatz der Handelsthätigkeit der Völker auf Grundlage der Urproduction und der Industrie betrachtet wird, ist für den Kaufmann wie für den Industriellen von hoher Bedeutung. Ganz treffend bemerkt Dr. K. ANDREE: »Die neue Zeit stellt auch an den Kaufmann und Gewerbsmann neue Anforderungen. Die Gemeinsamkeit der Verkehrsanliegen reicht über alle Erdtheile: wer sein Geschäft tüchtig mit Ueberblick und Umsicht treiben will, muss die verschiedenen Länder kennen, ihre Weltlage, ihre Erzeugnisse und Productionskraft, die Völker, ihren Charakter und ihr Staatswesen. Nur dann vermag er die Verkehrsverhältnisse mit Klarheit zu übersehen, einen weiten Gesichtskreis zu gewinnen und mit Sicherheit zu combinieren, wenn er sie im Zusammenhange versteht, und ihr Wachsthum auf geschichtlicher Unterlage verfolgt. Das geographische Element bildet dabei die Grundlage.«

Bereits zählt die geographische Literatur mehrere Lehr- und Handbücher, welche das geographische Materiale von diesem Gesichtspunkte aus gesichtet und geordnet haben, welche in Schule und Haus stets weitere Verbreitung finden. Welchen Werth hat aber wohl ein geographisches Lehrbuch ohne die dem Buche angepasste Karte, ohne den entsprechenden Atlas? So reich unsere Kartographie an politischen, physikalischen, historischen Atlanten ist, ebenso arm ist sie an Karten, welche die industriellen und commerciellen Verhältnisse der Staaten bildlich darstellen. Es ist keine Phrase die Behauptung, dass ein »**Atlas zur Industrie- und Handelsgeographie**« ein wahrhaftes Bedürfniss für Schule und Haus ist. Nicht blos für die immer zahlreicheren technischen und commerciellen Lehranstalten in ihren verschiedenen Abstufungen dürfte unser Atlas eine willkommene Erscheinung sein; wir leben auch der Hoffnung, dass jeder intelligente Industrielle und Kaufmann, Jeder, der die materielle Cultur der Staaten und Völker ihrem wahren Werthe nach zu würdigen versteht, denselben freudig begrüssen werde. Indem wir die Bekanntschaft mit den Grundbegriffen der Erdkunde beim Leser voraussetzen, bieten wir ihm eine

Uebersicht der Culturverhältnisse der verschiedenen Staaten in 16 Tafeln, und die geographische Darstellung soll durch den Text erläutert werden; – das Ganze soll ein praktischer, anschaulicher Leitfaden zur Erkenntniss dessen sein, was im praktischen Leben unserer Zeit fast unentbehrlich ist. Dass wir das **gesammte Deutschland**, insbesondere die beiden deutschen Grossmächte **Oesterreich und Preussen** ganz besonders hervorgehoben haben, brauchen wir in einem deutschen Werke wohl nicht zu begründen. – Der Text wird eine prägnante Charakteristik des Landes in Hinsicht der Urproduction, der Industrie, des Handels, der Verkehrsmittel und derjenigen Factoren liefern, welche die Träger und Förderer der materiellen Cultur eines jeden Staates sind; es sollen generelle Charakterbilder sein, ferne davon, ein »Adressenbuch« für Kaufleute und Fabrikanten zu werden, oder sich in theoretisirende Details zu verlieren. Die Karten versinnlichen den Text, es sind Illustrationen, welche im Allgemeinen wie im Besondern ein Bild der gewerblichen Thätigkeit eines Landes vorzuführen die Aufgabe haben. Text und Karte ergänzen sich gegenseitig, sie bilden zusammen ein Ganzes.

In der Ueberzeugung, für den – nach Ritter's Ausspruch – nicht unwesentlichen Theil der geographischen Wissenschaft, für die Culturgeographie ein Hilfsmittel zu liefern, hoffen wir, dass unsere Arbeit freundliche Aufnahme und wohlwollende Beurtheilung finden werde.

Leipzig und **Wien**, Mai 1863.

V. F. Klun H. Lange

Plan des Werkes befindet sich umstehend.

Plan des Werkes.

Der Atlas wird folgende 16 Karten mit dem entsprechenden Texte enthalten:

1. Erdkarte. (Rohproducte)
2. Ost-Asien.
3. West-Asien.
4. Afrika.
5. Nord-Amerika.
6. Mittel-Amerika und Westindien.
7. Süd-Amerika.
8. Australien und Oceanien.
9. Preussen, das übrige Deutschland (ohne Oesterreich), Niederlande und Belgien.
10. Oesterreich.
11. Frankreich und die Schweiz.
12. Dänemark, Schweden und Norwegen.
13. Britische Inseln.

14. Das ganze russische Reich (also auch das nördliche Asien und russische Amerika.)
15 16. Das Mittelländische Meer nebst den angrenzenden Ländern.

Die Ausgabe des Atlas erfolgt in 5 Lieferungen und zwar enthält die

erste	Lieferung	die	Karten	No.	9. 10. 11.
zweite	"	"	"	"	12. 13.
dritte	"	"	"	"	14. 15. 16.
vierte	"	"	"	"	5. 6. 7. 8.
fünfte	"	"	"	"	1. 2. 3. 4.

Die erste Lieferung des Werkes erscheint womöglich im August aber spätestens im September 1863 und folgen die übrigen in möglichst kurzer Frist nach, so dass der Einführung in Lehranstalten zu Michaelis d. J. nichts im Wege steht. Der Subscriptionspreis (mit der Verpflichtung zur Abnahme des vollständigen Werkes) beträgt für jede Lieferung 22 Sgr. ohne Vorausbezahlung. – Einzelne Lieferungen werden mit 1 Rthlr. berechnet.

Bestellungen nehmen alle Buch- und Kunsthandlungen entgegen.

Leipzig, Mai 1863.